中铁设计集团隧道及地下工程技术丛书

隧道下穿建筑物变形控制技术

曲 强 邬 泽 沈志文 孙权贵 蒋小锐 陈 丹 著

中国建筑工业出版社

图书在版编目（CIP）数据

隧道下穿建筑物变形控制技术 / 曲强等著. -- 北京：
中国建筑工业出版社，2024.8. --（中铁设计集团隧道
及地下工程技术丛书）. -- ISBN 978-7-112-30080-8

Ⅰ．U231.3

中国国家版本馆 CIP 数据核字第 2024BF0484 号

责任编辑：李笑然　毕凤鸣
责任校对：赵　力

中铁设计集团隧道及地下工程技术丛书
隧道下穿建筑物变形控制技术
曲　强　邬　泽　沈志文　孙权贵　蒋小锐　陈　丹　著

＊
中国建筑工业出版社出版、发行（北京海淀三里河路 9 号）
各地新华书店、建筑书店经销
霸州市顺浩图文科技发展有限公司制版
建工社（河北）印刷有限公司印刷
＊
开本：787 毫米×1092 毫米　1/16　印张：7¼　字数：179 千字
2024 年 9 月第一版　　2024 年 9 月第一次印刷
定价：**68.00** 元
ISBN 978-7-112-30080-8
（43158）

编审委员会

前　　言

随着城市轨道交通建设的发展，发达的地铁轨道与既有建筑、交通和市政等建（构）筑桩基础的交叉影响是地铁建设的挑战之一。如何在不影响地表建（构）筑物正常使用的前提下，保证地铁线路顺利通过是一项复杂的系统性工程技术，涉及建筑结构、岩土工程、工程地质和工程监测等多个学科领域需要精细化的设计和施工。采用桩基础的工程结构，从工程地质的角度来说，岩土体工程地质条件较为复杂，工程力学性质较差；从结构的角度来说，采用桩基础的结构一般为永久性建筑，且建筑的重要性等级往往较高，施工期间和后期运营的安全要求也会更高。因此，当地铁线路下穿桩基础时，如何有效地保护周边环境，同时遵循工程建设的绿色可持续发展要求，实现技术可行性、经济可行性、安全可行性和环境可行性的和谐统一，是目前地铁城市轨道交通的技术热点。

本书依托深圳地铁 10 号线益田停车场出入线矿山法隧道下穿海关查验楼工程，系统地进行了富水软弱地层矿山法隧道下穿建筑物桩基影响分析。首先，对我国主要地铁城市的淤泥质和砂卵石软弱富水地层特点进行了总结，对地层的沉降变形机理和土体的流变性进行了分析，结合具体工程案例对地铁下穿富水软弱地层进行了分析，对主要的工程风险进行了总结。其次，介绍了矿山法隧道超小净距施工工法、矿山法隧道于淤泥质土和砂卵石地层施工工法和矿山法隧道下穿建筑物桩基及桩基托换施工工法。在此基础上，结合实际工程案例，通过理论分析、资料调研、数值模拟和现场试验等方法，分析了超小净距矿山法隧道于富水软弱地层下穿建筑物桩基的力学行为，研究了隧道施工与上部既有建筑物的相互影响程度。通过多种方案的技术经济对比，提出了可靠的下穿方案，并结合监测数据和规范要求，对施工期间的位移变化规律进行了分析，保证了地铁隧道的顺利实施。

本书的编写得到了长期参与地铁工程的很多专家、学者和工程技术人员的大力支持和指正，在此谨致以诚挚的谢意！本书主要针对深圳地铁 10 号线益田停车场出入线矿山法隧道下穿海关查验楼工程问题进行了分析，旨在为同类型工程提供参考。但由于作者水平有限，编写过程中难免存在疏漏和错误，敬请广大读者批评指正。

目　　录

第1章 ▶▶

富水软弱地层隧道下穿建筑物特点分析

在沿海城市轨道交通建设中，浅埋暗挖隧道往往会穿过富水软弱地层。由于隧道的开挖，可能导致地层中应力和地下水发生变化，从而使得周围地层产生较大的变形，对地面道路、建筑及地下埋设物安全造成威胁。当地下空间修建在富水软弱地层时，地上建筑及其基础工程的建设与隧道开挖存在相互作用的过程。首先，地上建筑及其基础工程的荷载将传递至地下结构，造成地层中应力的不均匀分布；其次，在空间上如果存在基础工程与地下工程重叠，需要对基础工程进行托换处理，以保障隧道的顺利通过，但由于对基础周边土体的开挖和扰动，会使基础的承载力出现较大幅度的下降，从而可能造成基础失效；再次，在隧道开挖过程中，一般需要对隧道所在的地层进行降水处理，但是降水后可能导致地层变形，从而致使建筑基础失效，建（构）筑物出现不均匀沉降；最后，在隧道开挖过程中，可能使得地层的地应力在某个方向或者某个区域集中，从而造成基础的变形。因此，在隧道开挖过程中需要优化隧道开挖和支护工艺，严格控制基础的变形。在进行隧道开挖过程中隧道与地面建筑及其基础相互作用机制的分析前，需要系统地总结富水软弱地层的物理力学特征。本章就富水软弱地层常见的淤泥质土层和砂卵石土层的物理力学特征进行分析，对其沉降与突水物理机制进行总结，并结合相关实际工程案例介绍富水软弱地层的特点。

1.1 富水软弱地层的特点

1.1.1 淤泥质土层特性

软土是抗剪强度较低、压缩性较高、渗透性较小、天然含水量较大的饱和黏性土，按照《岩土工程勘察规范（2009年版）》GB 50021—2001 的规定，天然孔隙比大于或等于1.0，且天然含水量大于液限的细粒土应判定为软土，包括淤泥土、淤泥质土、泥炭、泥炭质土等。其中淤泥及淤泥质土就是软弱土的主要类型。淤泥质土根据土中有机质含量的多少，也可将土划分为无机土、有机土、泥炭、泥炭质土。有机土包括淤泥、淤泥质土，其有机质含量为：$5\% < W_u \leqslant 10\%$；淤泥质土指天然含水量大于液限、天然孔隙比为1.0~1.5 的黏性土。由于压缩性较高、强度低，因此建筑物沉降大，且多为不均匀沉降，极易造成建（构）筑物沉降和开裂。在地铁建设过程中，必须引起足够的重视。淤泥与淤泥质土的本质区别在于其天然孔隙比不一样。淤泥的天然孔隙比大于等于1.5，淤泥质土的天然孔隙比大于等于1而小于1.5。

淤泥及淤泥质土是在静水或非常缓慢的流水环境中沉积，并伴有微生物作用的一种结构性土。就其成因看有滨海沉积、湖泊沉积、河滩沉积及沼泽沉积四种。在中国渤海、东海、黄海等沿海地区的天津、上海和广州等城市，长江中下游、珠江下游、淮河平原、松辽平原，洞庭湖、洪泽湖、太湖和鄱阳湖四周，以及昆明滇池地区，都埋藏有厚度达数米至数十米的淤泥及淤泥质土。它的含水量接近或超过液限；孔隙比大于1，有的高达2.5；渗透系数为 $10^{-8} \sim 10^{-7}$ cm/s；容许承载力一般为 $30 \sim 100$ kPa。

以深圳地区淤泥及淤泥质土地层为例：

（1）淤泥：主要为灰黑色，流塑，含腐殖质，有臭味，含大量贝壳蚝片，局部夹腐木碎屑，混少量粉细砂。试验含水量为 54.0%～82.9%，平均值为 60.37%，孔隙比为 1.501～2.225，平均值为 1.678，有机质含量为 2.7%～4.8%，平均含量为 3.75%。

（2）淤泥质黏性土：主要为灰黑色，流塑，含腐殖质，有臭味，含大量贝壳碎片，局部夹腐木和粉细砂。试验含水量为 36.2%～55.4%，平均值为 47.8%，孔隙比为 1.070～1.498，平均值为 1.325，有机质含量为 1.1%～3.6%，平均值为 2.47%。

（3）含淤泥质砂：灰褐色、灰黑色，松散，饱和，主要为粉细砂，局部夹中粗砂，含有机质，有腥臭味，级配良好，有机质含量为 4.1%。

通过对淤泥质土层特性进行分析，得出隧道在穿越淤泥质土层时，由于淤泥质土层压缩性较高、强度低等特点，在施工时需防范涌水突泥事故的发生，做好超前支护及超前地质勘探工作。

1.1.2 砂卵石土层特性

富水软弱地层广泛分布于北京、广州、深圳、南京等多个国内主要地铁城市，通过表1-1可知各城市地层具体参数。各地铁城市的富水软弱地层在物理力学性质方面有一定的相似性，经分析这与各富水软弱地层的地质沉积年代、地质成因以及颗粒组分不同有关。例如广州、武汉、南昌等地铁城市地质第四系砂土层形成原因主要为三角洲或冲积平原，因此地层会以粉细砂层为主，而北京、成都等地铁城市第四系砂土层主要形成原因为岩土体在风化等条件下形成的，因此地层主要以饱和的砂砾石及砂卵石为主。

国内主要地铁城市地层物理力学性质统计表　　　　　　　　表1-1

地层	天然密度（g/cm³）	含水量（%）	孔隙比（%）	密实度	内摩擦角 φ（°）	黏聚力 c（kPa）
北京砂卵石	2.4	20.7	0.554	松散	42	0
深圳砾砂	1.79	25.4	0.523	松散	30	12
南京粉细砂	1.97	23.5	0.469	密实	37	6
上海粉细砂	2.00	25.8	0.663	松散	38	10
广州粉砂	2.05	19.5	0.548	松散	35	2
成都砂卵石	2.0～2.2	18.9	0.578	松散	38～48	0
南昌砾砂	1.93	17.4	0.441	松散	27～35	8
武汉细砂	1.89	21	0.474	中密～密实	34～36	0

由表 1-1 可知砂卵石地层黏聚力为零，内摩擦角较大，再加上粗颗粒骨架搭接，同时地层具有卵石含量高以及地层强度高的特点，因此地层在微扰动情况下具有较高的整体自稳能力，导致其坍塌变形具有：坍塌前变形趋势不明显，坍塌破坏表现出明显的"脆性"特征，即超出自稳能力后突然坍塌，同时隧道埋深不足时可能出现整体大规模坍塌与失稳的现象。富水砂卵石土层在地铁隧道施工中经常遇到，由于砂卵石土层的胶结力很差，强度又低，开挖后的地层稳定性差，常常发生倾斜、变形量大的情况，甚至发生塌方等事故，施工难度比较大。如果考虑水渗流力的影响，砂层的物理力学性质将会变得更加复杂，开挖过程中常常诱发涌砂、涌水、流沙等地质灾害，也会发生地表沉降裂缝、地下水位下降等严重环境问题（图 1-1）。近年来，国内外城市地铁隧道建设中，发生了多起与富水砂卵石土层有关的重大安全事故。

图 1-1　砂卵石土层情况

（1）北京地铁"复—八"线，位于第四系河流相冲洪积松散层中，在施工中曾发生过数起砂土悬涌塌方事故。

（2）上海市中山北路站至延长路站区间隧道的联络通道，上方地面为 3 层建筑民用房屋和学校操场，周围的地层以粉土和粉细砂为主，存在承压水，当隧道开挖扰动后极易形成流沙现象。

（3）广州地铁隧道 5 号线的珠江新城—猎德区间隧道为浅埋暗挖隧道，隧道洞身大部分处于全风化和强风化的泥质粉砂岩中，大量中粗砂层分布在拱顶以上，砂层的最大厚度约为 3m，发生水土突涌的风险极大。

（4）深圳地铁 5 号线西大区间矿山法暗挖隧道风道底部位于全风化和强风化花岗片麻岩，隧道洞身大部分穿过黏土层，隧道顶部为 4～6m 的富水砂层，极易可能形成流沙。

以上实例表明暗挖隧道穿越富水砾砂层，由于富水砂卵石层孔隙率大、渗透系数大，存在许多施工难题。如果处理措施不当，极易诱发涌水涌砂灾害。

1.2　富水软弱地层的沉降机理

综合国内外学者的研究，隧道施工造成的地层变形机理主要体现在三个方面：开挖、支护引起的地应力变化，地下水渗流及超孔隙水压力变化，土体的流变时效特性。

1.2.1 地层应力状态改变

浅埋暗挖隧道施工是在存在初始地应力场的土层中进行的，施工扰动导致应力重分布形成二次应力场，开挖引起的应力释放和支护过程中产生的附加应力都将导致地层出现弹塑性变形，引发地表沉降。隧道开挖后，地应力首先释放，原先的三向应力状态转变为两向应力状态，表现为指向隧道内部的径向应力和沿洞壁的切向应力，洞壁周围出现较大的应力集中现象，从而导致周围土层朝向隧道内侧变形。随着变形增长，周围土层的切向应力逐渐增大，经过应力调整后，相邻土层的应力大小又进一步发生改变，随之产生变形。应力与位移的交替变化逐步由隧道周围向远处地层发展，直至达到新的应力平衡。由于地层应力的改变，隧道开挖后周围土层一般将形成三个不同区域：松动圈、应力增高区和原始地应力区。

对于浅埋暗挖隧道而言，开挖后掌子面处发生应力释放，在原始侧向应力作用下掌子面土体向隧道内移动，引起地层变形。若初期衬砌支护不及时，或者初期支护与周围地层未紧密贴合，也会造成土体应力释放。此外，当初期支护衬砌强度不足时，在周围土压力的作用下，沉降量增大，会进一步加大土体应力释放量，引起更大的地层变形。由于实际隧道施工过程十分复杂，岩土层性质、开挖方式及支护方法均对应力路径变化存在明显影响，导致土体应力释放过程也有所不同。及时进行支护可以减小地应力释放率，限制岩土体变形，减小塑性区的发展。

隧道掌子面在推进过程中，对地层形成三维空间约束效应，故地层应力并非瞬间全部释放，而是渐进释放。周顺华等（1997年）提出了应力释放率的计算模型，并建立了其与位移释放率的关系，该模型定义在二维数值分析和模型试验中得到了广泛应用。

$$\sigma_s = \left\{1 - \left(\frac{\Delta U_s}{U_s}\right)^{\beta}\right\} \left\{1 - \left(\frac{U_{l_0}}{U_s}\right)^{\beta}\right\} \sigma_0 \tag{1-1}$$

式中：s 和 l_0 分别为掌子面空间效应前方和后方影响区；σ_s 为释放应力；σ_0 为地层初始应力；ΔU_s 为掌子面通过后的位移与掌子面通过前已发生位移的差值；U_{l_0} 为开挖面通过前已有的位移；U_s 为掌子面通过 Z 点的距离大于 s 后，Z 点不支撑所发生的虚拟位移；β 为与地质条件和施工方法有关的参数，一般软土至软岩取值范围为 $\frac{1}{3} \sim 1$。

隧道开挖引起的应力释放计算方法从荷载-结构法发展至连续介质法。荷载-结构法采用散体压力理论，只计算作用在隧道结构上的土体荷载，地表变形往往采用经验公式法预测。后来人们认识到隧道与地层是一个受力整体，对于洞室开挖后释放的岩土体压力由隧道结构与围岩组成的地下结构体系共同承担。

1.2.2 地下水对地下工程的影响

地下水的类型按照埋藏条件可以分为包气带水、潜水和承压水。其中包气带水如有局部隔水层存在，隔水层以上的透水层便可局部蓄水，称之为上层滞水（图1-2、图1-3）。它能自由流动，但含水量不大，并具有季节性，在补给充沛的季节含水量较大，而在干旱的季节含水量小甚至消失，在地形切割处，则以泉的形式排泄。

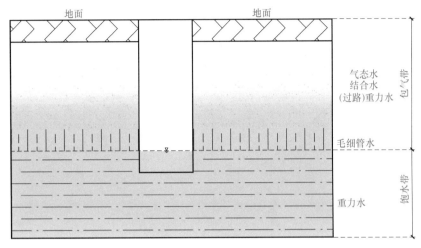

图1-2　包气带水示意图

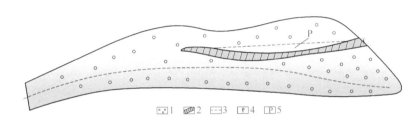

图1-3　包气带水分布

1—透水层；2—隔水层；3—地下水面；4—泉；5—上层滞水

地面以下第一个稳定隔水层上面的饱和水称为潜水。其上部没有稳定的隔水层，主要是通过包气带和大气相通。潜水存在于孔隙、裂隙或者洞穴中，分布广泛。潜水的埋藏状况决定于自然地理环境和地质条件。在山区，由于地形被强烈切割，潜水埋藏深度可达十余米、几十米甚至更深。在平原区，地形平坦、切割微弱，潜水埋藏一般在几米以内。而在同一地区，潜水的埋藏深度具有季节性变化，雨季或多雨年份补给充足，浅水面上升，埋藏条件变浅，且水量丰富。在地下工程修建过程中，尤其是在雨季，潜水位上升，开挖后，地下水向开挖面渗流是导致地下工程失稳的原因之一。

承压水是在岩性、地质构造、地形等条件下配合形成的，其中地质构造有决定性意义。最适宜的地质构造是向斜盆地或者单斜盆地。整体上看，承压水由于含水层的面积较大、水量较丰富、排泄范围有限且较为稳定，因此在地下工程建设过程中，如隔水层遭受破坏，则可能诱发大的突水突泥，造成工程事故（图1-4）。

按照含水层空隙性质可以分为孔隙水、裂隙水和喀斯特水。其中孔隙水主要分布于第四纪松散沉积物及一部分基岩的孔隙中。裂隙水主要存在于岩石裂缝中。喀斯特水主要存在于可溶性岩石的溶蚀裂隙、洞穴和暗河中。在地铁修建过程中，对地下工程影响较大的为孔隙水和裂隙水。在西南地区喀斯特地貌区域，喀斯特水对地下工程影响较大。

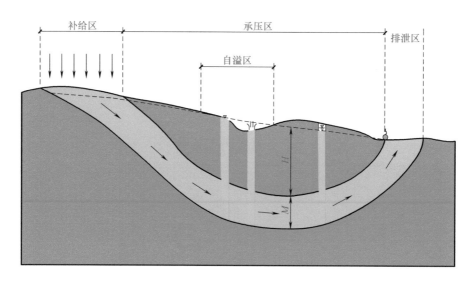

图 1-4　承压水分布图

1—隔水层；2—含水层；3—地下水位；4—地下水流向；5—钻孔，水未喷出；6—钻孔，水喷出；
7—降雨补给含水层；8—上升泉；H—压力水头高度；M—含水层厚度

1.2.3　地下水渗流及固结

天然土体一般是由土体颗粒、孔隙水以及孔隙气体组成。考虑到土颗粒和孔隙水的压缩变形往往可以忽略不计，因而固结变形是由于土体中孔隙水的流出和孔隙气体积的减少，进而引起土颗粒之间距离缩短而导致的。若不考虑孔隙水的作用，两相饱和土体的固结变形主要是来源于孔隙水随时间逐渐排出，土体有效应力逐步增大，导致土体产生压缩变形。

对于富水软弱地层中浅埋暗挖施工，应当采取地层降水措施，或者超前支护时，如对地下水阻隔效果不佳，将产生地下水渗流，引起水位下降。另外，隧道的注浆加固过程也会在一定范围内引起超孔隙水压力。因孔隙水压力变化和渗透力作用，地层将产生固结变形，如果在地下水渗流过程中伴随有土颗粒流失，也将加剧地层变形。

目前，定量分析固结变形的理论主要有 Terzaghi-Rendulic 固结理论和 Biot 固结理论。两者共同的基本假设为：

（1）土体为各向同性的弹性体且完全饱和。

（2）土体产生的变形均为小变形。

（3）孔隙水的流动服从 Darcy 定律。

（4）土颗粒及孔隙水均不可压缩。

（5）单位时间从土单元流出的水与土体的孔隙压缩量相等。

Terzaghi-Rendulic 基本方程为：

$$\frac{\partial u}{\partial t}=\frac{1+\mu}{3(1-\mu)\gamma_{\mathrm{w}}m_{\mathrm{v}}}\left(K_{\mathrm{x}}\frac{\partial^{2}u}{\partial^{2}x^{2}}+K_{\mathrm{y}}\frac{\partial^{2}u}{\partial^{2}y^{2}}+K_{\mathrm{z}}\frac{\partial^{2}u}{\partial^{2}z^{2}}\right) \tag{1-2}$$

$$m_{\mathrm{v}} = \frac{(1-2\mu)(1+\mu)}{(1-\mu)E} \tag{1-3}$$

式中：K_x、K_y、K_z 分别为 x、y、z 方向的渗透系数；u 为超孔隙水压力；γ_{w} 为水的重度；E 为弹性模量；μ 为泊松比。

与 Terzaghi-Rendulic 固结理论相比，Biot 固结理论未假设法向总应力和随时间不变，其孔压与固结过程中的土体位移有关，更为严格地推导了反映孔隙水压力消散与土骨架变形关系的三维固结方程：

$$\begin{cases} -G\nabla^2 w_{\mathrm{x}} - \left(\dfrac{G}{1-2\mu}\right) \cdot \dfrac{\partial}{\partial x}\left(\dfrac{\partial w_{\mathrm{x}}}{\partial x}+\dfrac{\partial w_{\mathrm{y}}}{\partial y}+\dfrac{\partial w_{\mathrm{z}}}{\partial z}\right) + \dfrac{\partial u}{\partial x} = 0 \\[2mm] -G\nabla^2 w_{\mathrm{y}} - \left(\dfrac{G}{1-2\mu}\right) \cdot \dfrac{\partial}{\partial y}\left(\dfrac{\partial w_{\mathrm{x}}}{\partial x}+\dfrac{\partial w_{\mathrm{y}}}{\partial y}+\dfrac{\partial w_{\mathrm{z}}}{\partial z}\right) + \dfrac{\partial u}{\partial y} = 0 \\[2mm] -G\nabla^2 w_{\mathrm{z}} - \left(\dfrac{G}{1-2\mu}\right) \cdot \dfrac{\partial}{\partial z}\left(\dfrac{\partial w_{\mathrm{x}}}{\partial x}+\dfrac{\partial w_{\mathrm{y}}}{\partial y}+\dfrac{\partial w_{\mathrm{z}}}{\partial z}\right) + \dfrac{\partial u}{\partial z} = -\gamma \end{cases} \tag{1-4}$$

$$\frac{\partial \varepsilon_{\mathrm{v}}}{\partial t} = -\frac{1}{\gamma_{\mathrm{w}}}\left(K_{\mathrm{x}}\frac{\partial^2 u}{\partial x^2}+K_{\mathrm{y}}\frac{\partial^2 u}{\partial y^2}+K_{\mathrm{z}}\frac{\partial^2 u}{\partial z^2}\right) \tag{1-5}$$

式中：K_x、K_y、K_z 分别为 x、y、z 方向的渗透系数；w_{x}、w_{y}、w_{z} 分别为 x、y、z 方向的土体位移；u 为超孔隙水压力；γ 为土的重度；∇^2 为拉普拉斯算子，$\nabla^2 = \dfrac{\partial^2}{\partial x^2} + \dfrac{\partial^2}{\partial y^2} + \dfrac{\partial^2}{\partial z^2}$。

基于 Biot 固结理论，浅埋暗挖隧道在富水软弱地层中施工，土层应力场与渗流场是相互耦合的。若隧道施工引起岩土体渗流场出现改变，变化的孔隙水压力将影响岩土体的应力场，那么岩土体的位移场也随着应力场的改变而变化；而岩土体位移的改变又会反过来影响岩土体的渗流场。由于土体流固耦合问题较为复杂，目前能得到的解析解很少，大多数情况下通过数值计算解决该问题。

1.3 土骨架的流变性

软土及风化岩地层受隧道施工扰动后，在荷载作用下，土体骨架往往发生持续的黏滞流动，应力、应变随时间缓慢地变化，即土体的流变性，宏观表现为蠕变变形和应力松弛，土体沉降在长时间内持续增长。一般而言，浅埋暗挖隧道在施工期的蠕变影响可以忽略，更多情况下是在隧道使用阶段考虑土体的流变性。

为了研究土体流变特性对隧道上方土层长期变形的影响，需要建立土体流变模型来反映土体的应力-应变-时间关系。

1.3.1 基本的蠕变模型

在流变学中，大部分流变模型都是由弹性元件、塑性元件和黏性元件串联或者并联组成，常见的蠕变模型有：

1. 圣维南体

圣维南体由一个摩擦片和一个弹簧组成，代表弹塑性体，其力学模型如图 1-5 所示。

圣维南体是理想的弹塑性体，加载时应力达到临界应力时，弹簧片失效，卸载后弹簧片发生的塑性变形不会改变，因此圣维南体无蠕变、无松弛、无弹性后效。

2. 马克思威尔体

马克思威尔体是由一个弹簧和一个线黏性元件串联而成的，其力学模型如图1-6所示。马克思威尔体具有瞬时变形、等速蠕变和松弛的性质，可用于描述等速蠕变阶段。

图1-5　圣维南体力学模型　　　　　　图1-6　马克思威尔体力学模型

3. 广义开尔文体

广义开尔文体是由一个马克思威尔体和一个弹簧串联而成，可以用于描述蠕变初始的弹性变形和减速蠕变，但不能反映其等速蠕变和加速蠕变过程，其有弹性后效和线性应力松弛（图1-7）。

4. Burgers模型

Burgers体是由一个Macwell体和一个Kelvin体串联而成，Burgers体可以描述弹性变形、减速蠕变和等速蠕变，具有应力松弛和弹性后效的性质，适用于软岩的描述（图1-8）。

图1-7　广义开尔文体力学模型　　　　　图1-8　Burgers体力学模型

5. 西原模型

西原模型是由一个理想的黏塑性体和一个广义开尔文体串联而成（图1-9），其本构方程为：

$$\begin{cases} \dfrac{\eta_1}{k_1}\dot{\sigma}+\left(1+\dfrac{k_2}{k_1}\right)\sigma=\eta_1\dot{\varepsilon}+k_2\varepsilon & （当\sigma<\sigma_s时） \\ \ddot{\sigma}+\left(\dfrac{k_2}{\eta_1}+\dfrac{k_2}{\eta_2}+\dfrac{k_1}{\eta_1}\right)\dot{\sigma}+\dfrac{k_1k_2}{\eta_1\eta_2}(\sigma-\sigma_s)=\dfrac{k_1k_2}{\eta_1}\dot{\varepsilon}+k_2\ddot{\varepsilon} & （当\sigma>\sigma_s时） \end{cases}$$

（1-6）

西原模型由于加入了理想的黏塑性体，因此可以反映不稳定蠕变现象，广泛应用于软岩工程中。

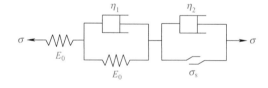

图1-9　西原模型

1.3.2 改进的流变模型

由于岩土体是一种非线性的塑性材料，基本流变模型均采用线性描述，这些模型在处理节理裂隙、土质条件好的岩土体时可以获得较好的计算结果，但是对于一些均质性不好的岩土体，难以获得精确的应力和应变，尤其是在岩土体加速蠕变阶段。近年来，许多学者对岩土体的非线性蠕变做了大量的研究，主要包括下面三个方面：

1. 将现有的基础模型中的线性元件改为非线性元件

由于传统的基本模型采用的是线性元件，尤其是黏性体。从数学的角度上说线性的元件叠加对加速蠕变这一突变的特征难以做出准确的判定，这也是基本流变模型只能描述减速和匀速蠕变的原因。

基于此类方法还有一种方式可以描述岩石的非线性蠕变，即向原模型中添加非线性黏壶等可以描述加速蠕变的元件，齐亚静等通过在西原模型中串联一个非线性蠕变黏壶建立了一个改进的三维西原模型，其模型如图1-10所示。

这类模型能够描述岩石流变的全过程，但是由于加入非线性元件之后，推导三维蠕变模型较为复杂，使用的灵活性受到影响。其中非线性黏壶的示意图如图1-11所示。

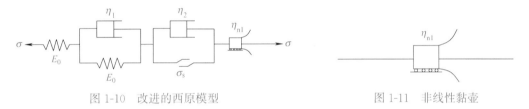

图 1-10 改进的西原模型   图 1-11 非线性黏壶

非线性黏壶的表达式为：

$$\begin{cases} \sigma = \eta_{n1}\varepsilon_{n1} & (\varepsilon \geqslant \varepsilon_a) \\ \varepsilon_{n1} = 0 & (\varepsilon < \varepsilon_a) \end{cases} \tag{1-7}$$

该模型可以描述蠕变过程中减速、匀速和加速三个过程，对岩体工程长期稳定性分析有一定的指导意义。

2. 变参数蠕变模型

在试验的基础上，得到岩土体力学参数与时间的关系，以此来修正蠕变模型，或者在原模型的基础上，通过试验拟合出黏滞系数与时间的关系，以此来修正模型。张强勇等基于此建立了一个变参数蠕变损伤模型，并将其运用于大岗山水电站坝基稳定性分析。其蠕变模型定义损伤变量 D 为：

$$D = 1 - \frac{E_t}{E_0} \tag{1-8}$$

损伤演化方程为：

$$D(t) = \frac{E_0 - E_\infty}{E_0}(1 - e^{-at}) \tag{1-9}$$

由此得到的弹性参数和黏性参数与时间的关系式 $E(t)$ 和 $\eta(t)$ 分别为：

$$E(t) = E_0(1 - D_t) = E_0 \frac{E_0 e^{-at} + E_\infty(1 - e^{-at})}{E_0} \tag{1-10}$$

$$\eta(t) = \eta_0(1-D_t) = E_0 \frac{E_0 e^{-at} + E_\infty(1-e^{-at})}{E_0} \tag{1-11}$$

在改进的伯格斯模型的基础上建立蠕变损伤方程。

3. 基于损伤力学的蠕变模型

目前，许多研究都认为蠕变是岩土体在应力作用下损伤积累的过程，当损伤积累到一定程度，岩土体的微观裂隙即转换成宏观裂隙，岩土体发生失稳破坏。谢和平等认为岩土体的破坏在本质上是一种热力学行为，是能量形式的转化，当岩土体内力积累的能量达到岩石破坏的能量临界点时岩土体即发生破坏。田洪铭等通过分析岩土体扩容时的能量耗散规律建立了蠕变损伤本构模型，并以此反演了宜巴高速泥质红砂岩的减速蠕变、匀速蠕变和加速蠕变过程，其主要思路为假设外力做功导致岩土体发生扩容，其 t 时刻的能量耗散 U^d 可以表示为：

$$U^d = p\varepsilon_v^c(t) \tag{1-12}$$

式中：$\varepsilon_v^c(t)$ 为 t 时刻岩体的变形量；p 为体应力，在常规三轴作用下 $p=(\sigma_1 + 2\sigma_2)/3$，其中 σ_1 为轴向压力，σ_2 为围压。

根据谢和平提出的能量与损伤之间的关系：

$$D_c = 1 - \exp[-\alpha(U^d - U_0^d)^\beta] \tag{1-13}$$

式中：α 和 β 分别为与含水量和孔隙率有关的参数，U_0^d 为初始损伤下对应的耗散能，若忽略初始损伤则得到的损伤演化方程为：

$$D_c = 1 - \exp\{-\alpha[p\varepsilon_v^c(t)]^\beta\} \tag{1-14}$$

假设蠕变曲线符合幂指数函数模型：

$$\bar{\varepsilon}^{cr} = A(\bar{\sigma}^{cr})^n t^m \tag{1-15}$$

将损伤因子代入上式得到：

$$\bar{\varepsilon}^{cr} = \frac{A(\bar{\sigma}^{cr})^n t^m}{1-D_c} \tag{1-16}$$

三维情况下蠕变应变张量为：

$$\boldsymbol{\varepsilon}^c = \bar{\varepsilon}^{cr}(\bar{\sigma}^{cr}, t)\frac{\partial \boldsymbol{G}^{cr}}{\partial \boldsymbol{\sigma}} \tag{1-17}$$

式中：$\boldsymbol{G}^{cr}$ 为蠕变势函数，式（1-17）即为岩土体蠕变损伤演化方程。

1.3.3 基于蠕变损伤耦合的流变模型

岩土体的流变特征中，加速蠕变阶段是岩石破坏的主要阶段，因此确定加速蠕变的阈值是流变模型首先需要考虑的问题。为此在西原模型的基础上建立了一个简单的蠕变损伤模型以此模拟岩土体在不同时空下的损伤特点。假定岩土体的单元符合 Weibull 分布：

$$\varphi(\varepsilon) = \frac{m}{\omega}\left(\frac{\varepsilon}{\omega}\right)^{m-1}\exp\left[-\left(\frac{\varepsilon}{\omega}\right)^m\right] \tag{1-18}$$

式中：m 为 Weibull 分布标量；ω 为 Weibull 分布形态参数；ε 为岩土体单元的应变；$\varphi(\varepsilon)$ 为应变为 ε 时的岩土体单元的破坏概率。

分布标量 m 越大表示岩土体分布越均匀，其节理裂隙越少，m 的表达式为：

$$m = \frac{1}{\ln\left[E\varepsilon_c / (\sigma_c - 2\mu\sigma_3)\right]} \tag{1-19}$$

式中：σ_c 为岩土体破碎全过程的峰值强度；ε_c 为岩土体破碎全过程的峰值变形。

岩土体在初始受力时，岩土体满足 Hook 定理，ω 可以通过下式求得：

$$\omega = \varepsilon_c \cdot m^{\frac{1}{m}} \tag{1-20}$$

当岩石单元应变达到岩土体的屈服强度以后岩土体开始破坏，根据概率论得：

$$S = S_m \int_0^\varepsilon \varphi(x)\mathrm{d}x \tag{1-21}$$

根据损伤变量的定义可知：

$$D = \frac{S}{S_0} = 1 - \exp\left[-\left(\frac{\varepsilon}{\omega}\right)^m\right] \tag{1-22}$$

岩土体的损伤变量主要由初始损伤和扰动损伤两部分组成：

$$D_{\text{tol}} = D_0 + D \tag{1-23}$$

西原蠕变模型能描述岩土体弹-黏弹-黏塑性的流变特征，在单轴应力作用下的蠕变方程为：

$$\begin{cases} D_{\text{tol}} = D_0 + 1 - \exp\left\{-\left(\dfrac{\dfrac{\sigma}{E_0} + \dfrac{\sigma}{E_1}\left[1 - \exp\left(-\dfrac{E_1}{\eta_1}t\right)\right]}{\omega}\right)^m\right\} \quad (\text{当 } \sigma < \sigma_s \text{ 时}) \\[6mm] D_{\text{tol}} = D_0 + 1 - \exp\left\{-\left(\dfrac{\dfrac{\sigma}{E_0} + \dfrac{\sigma}{E_1}\left[1 - \exp\left(-\dfrac{E_1}{\eta_1}t\right)\right] + \dfrac{\sigma - \sigma_s}{\eta_2}t}{\omega}\right)^m\right\} \quad (\text{当 } \sigma > \sigma_s \text{ 时}) \end{cases} \tag{1-24}$$

当应变 $\varepsilon > \varepsilon_0$（损伤开始阈值）时，将式（1-22）和式（1-24）代入式（1-23）可以得到蠕变损伤变量的表达式为：

$$\begin{cases} D_{\text{总}} = D_0 + 1 - \exp\left\{-\left(\dfrac{\dfrac{\sigma}{E_0} + \dfrac{\sigma}{E_1}\left[1 - \exp\left(-\dfrac{E_1}{\eta_1}t\right)\right]}{\omega}\right)^m\right\} \quad (\text{当 } \sigma < \sigma_s \text{ 时}) \\[6mm] D_{\text{总}} = D_0 + 1 - \exp\left\{-\left(\dfrac{\dfrac{\sigma}{E_0} + \dfrac{\sigma}{E_1}\left[1 - \exp\left(-\dfrac{E_1}{\eta_1}t\right)\right] + \dfrac{\sigma - \sigma_s}{\eta_2}t}{\omega}\right)^m\right\} \quad (\text{当 } \sigma > \sigma_s \text{ 时}) \end{cases} \tag{1-25}$$

式中：t 为损伤开始的时间，根据有效应力的 Kachanov 定义，其和名义应力之间的关系为：

$$\widetilde{\sigma} = \frac{\sigma}{1 - D_{\text{tol}}} \tag{1-26}$$

将式（1-25）代入式（1-26）得：

$$
\begin{cases}
\widetilde{\sigma} = \dfrac{\sigma}{\exp\left\{-\left(\dfrac{\dfrac{\sigma}{E_0}+\dfrac{\sigma}{E_1}\left[1-\exp\left(-\dfrac{E_1}{\eta_1}t\right)\right]}{\omega}\right)^m\right\}-D_0} & \text{（当}\ \sigma<\sigma_s\ \text{时）} \\[6mm]
\widetilde{\sigma} = \dfrac{\sigma}{\exp\left\{-\left(\dfrac{\dfrac{\sigma}{E_0}+\dfrac{\sigma}{E_1}\left[1-\exp\left(-\dfrac{E_1}{\eta_1}t\right)\right]+\dfrac{\sigma-\sigma_s}{\eta_2}t}{\omega}\right)^m\right\}-D_0} & \text{（当}\ \sigma>\sigma_s\ \text{时）}
\end{cases}
\tag{1-27}
$$

从上式可知，有效应力是一个关于时间的函数，其值随着时间的延长而不断增大，式中分布标度 m 随有效应力 $\widetilde{\sigma}$ 不断变化，从而引起损伤变量 D 的不断变化，这是一个耦合变化的过程。当 $\varepsilon>\varepsilon_a$（岩土体开始进入加速蠕变阶段，蠕变时刻对应的应变值）和 $D>D_a$（岩土体开始进入加速蠕变时刻对应的损伤阈值）后，$\widetilde{m}$ 随之变小，岩土体进入加速蠕变阶段，随着损伤的不断积累，逐渐形成宏观裂隙，在 $t=t_c$ 时，岩土体进入第二次加速蠕变阶段或者直接破坏。

在三维应力情况下，常规西原模型的总应变为：

$$
\varepsilon = \varepsilon_{ij}^e + \varepsilon_{ij}^{ve} + \varepsilon_{ij}^{vp}
\tag{1-28}
$$

依据 Kawamoto 定义的损伤张量：

$$
\boldsymbol{\Omega}'' = \frac{l}{V}\sum_{k=1}^{N} a_k\left(n_k \otimes n_k\right)
\tag{1-29}
$$

式中：$\boldsymbol{\Omega}$ 为初始损伤张量；l 为节理间距；V 为样本体积；N 为 V 中节理数；a_k 为单位体积中第 k 条节理表面积；n_k 为单位体积中第 k 条节理表面上的单位法向矢量。

西原模型在常规三维应力情况下的轴向蠕变方程为：

$$
\varepsilon_{11} = \begin{cases}
\dfrac{\sigma_1+2\sigma_3}{9E_v}+\dfrac{\sigma_1-\sigma_3}{3G_0}+\dfrac{\sigma_1-\sigma_3}{3G_1}\cdot\left[1-\exp\left(-\dfrac{G_1}{\eta_1}t\right)\right] & \text{（当}\ \sigma_1-\sigma_3<\sigma_s\ \text{时）} \\[4mm]
\dfrac{\sigma_1+2\sigma_3}{9E_v}+\dfrac{\sigma_1-\sigma_3}{3G_0}+\dfrac{\sigma_1-\sigma_3}{3G_1}\cdot\left[1-\exp\left(-\dfrac{G_1}{\eta_1}t\right)\right]+\dfrac{\sigma_1-\sigma_3-\sigma_s}{3\eta_2}t & \text{（当}\ \sigma_1-\sigma_3>\sigma_s\ \text{时）}
\end{cases}
\tag{1-30}
$$

式中：E_v 为体积模量；G 为剪切模量。

假设岩土体的损伤为各向同性，不考虑初始损伤的情况下，在三维应力下的主应力方向总损伤变量为：

$$
D_{ii} = 1-\exp\left[-\left(\frac{\varepsilon_{ij}}{\omega}\right)^{m_i}\right]
\tag{1-31}
$$

随着岩土体单元的损伤不断积累，当岩土体单元的强度降至加速蠕变应力阈值时，岩土体开始进入加速蠕变第一阶段，岩土体单元的有效应力为：

$$
\widetilde{\sigma}_{ij} = \frac{\sigma_{ij}}{1-D_{ij}}
\tag{1-32}
$$

当岩土体开始进入加速蠕变后，由式（1-20）可知，分布标度 m 随之减小到 $\widetilde{m}$，由此可以得到第二阶段加速蠕变损伤演化方程为：

$$\widetilde{D}_{ii}=D_{ii}+1-\exp\left[-\left(\frac{\varepsilon_{ij}}{\omega}\right)^{\overline{m}_i}\right] \tag{1-33}$$

同理可以得到加速蠕变后第二阶段的有效应力为：

$$\widetilde{\widetilde{\sigma}}_{ij}=\frac{\sigma_{ij}}{(1-\widetilde{D}_{ii})} \tag{1-34}$$

随着损伤的不断积累，岩土体内逐渐出现宏观裂隙，岩土体的加速蠕变速度不断变大。为获得岩土体蠕变破坏的全过程，将式（1-31）换作式（1-33）对损伤演化方程继续上述迭代直至岩土体发生破坏。

孙钧认为岩土体加速蠕变是岩土体材料在长期应力作用下岩土体内的黏弹性形变逐渐转换为线性黏塑性形变和非线性黏塑性形变的过程，基于此解释，可以利用有效塑性损伤应力作为加速蠕变阈值。

假定岩土体强度准则为 Drucker-Prager 屈服准则，其屈服函数为：

$$F(\boldsymbol{\sigma})=\Psi I_1(\boldsymbol{\sigma})+\sqrt{I_2(\boldsymbol{\sigma})}-M \tag{1-35}$$

式中：$\boldsymbol{\sigma}$ 为三维应力向量；Ψ 和 M 为与岩石力学性质有关的参数，其值为：

$$\begin{cases} \Psi=\dfrac{\sqrt{3}\sin\varphi}{3\sqrt{3+\sin^2\varphi}} \\ M=\dfrac{\sqrt{3}c\cos\varphi}{\sqrt{3+\sin^2\varphi}} \end{cases} \tag{1-36}$$

其中，c 为岩土体的黏聚力；φ 为岩土体的内摩擦角；I_1 为第一应力不变量；I_2 为第二应力不变量。I_1 和 I_2 的表达式如下所示：

$$\begin{cases} I_1(\boldsymbol{\sigma})=\sigma_{xx}+\sigma_{yy}+\sigma_{zz} \\ I_2(\boldsymbol{\sigma})=\dfrac{1}{6}\left[(\sigma_{xx}-\sigma_{yy})^2+(\sigma_{yy}-\sigma_{zz})^2+(\sigma_{zz}-\sigma_{xx})^2+\sigma_{xy}^2+\sigma_{xz}^2+\sigma_{yz}^2\right] \end{cases} \tag{1-37}$$

在常规三轴应力下，上式可以简化为：

$$I_1(\boldsymbol{\sigma})=\sigma_1+2\sigma_3$$

$$I_2(\boldsymbol{\sigma})=\frac{1}{3}(\sigma_1-\sigma_3)^2$$

若不考虑屈服面的硬化，当 $F(\boldsymbol{\sigma})\leqslant 0$ 时，表示屈服失效。将 I_1 和 I_2 代入式（1-35）可以得出进入塑性损伤阶段对应的最大主应力为：

$$\overline{\sigma}_1=\frac{3\sqrt{3}c\cos\varphi+(\sqrt{3+\sin^2\varphi}-2\sin\varphi)\sigma_3}{\sin\varphi+\sqrt{3+\sin^2\varphi}} \tag{1-38}$$

在主应力 σ_1 和 σ_3 作用下，稳态蠕变阶段的最大有效轴向主应力与进入塑性损伤阶段的最大主应力之间的关系为：

$$\overline{\sigma}_1 = \lim_{t \to +\infty} \widetilde{\sigma}_1 \tag{1-39}$$

由式（1-26）和式（1-38）可以求得加速蠕变阈值应力 σ_{1max}，当 $\sigma_{1max} > \overline{\sigma}_1$ 时，岩石从稳态蠕变阶段开始进入加速蠕变阶段。

1.4 地铁隧道穿越富水软弱地层事故工程实例分析

1. 广州市地铁 8 号线折返线隧道区间工程项目

2013 年 1 月 28 日 16 时 40 分，正在建设施工的广州市地铁 8 号线折返线隧道区间工程项目，因隧道施工造成荔湾区康王南路与杉木栏路交界处地表塌陷，塌陷面积约 690m²。引发此次事故的主要原因为采用矿山法穿越富水砂层，导致土层稳定性发生变化，进而导致地表塌陷。

2. 佛山市轨道交通 2 号线一期工程土建一标段湖涌站至绿岛湖站盾构区间

2018 年 2 月 7 日 20 时 40 分，由中交第二航务工程局有限公司组织施工的佛山市轨道交通 2 号线一期工程土建一标段湖涌站至绿岛湖站盾构区间右线工地突发透水（图 1-12），引发隧道及路面坍塌，造成 11 人死亡、1 人失踪、8 人受伤，直接经济损失约 5323.8 万元。该事故的主要原因为：事故发生地段存在深厚富水粉砂层且邻近强透水的中粗砂层，地下水具有承压性，隧道在穿越该地段时发生透水，涌砂、涌泥、坍塌的风险高。

图 1-12 湖涌站至绿岛湖站盾构区间隧道位置平面图

3. 广州市在建轨道交通 11 号线四分部二工区 1 号竖井

2019 年 12 月 1 日上午 9 时 28 分，广州市在建轨道交通 11 号线四分部二工区 1 号竖井横通道上台阶喷浆作业区域上方路面，即广州大道北与禺东西路交界处出现塌陷（图 1-13、图 1-14），造成路面行驶的 1 辆清污车、1 辆电动单车及车上人员坠落坑中，两车上共 3 人遇难，直接经济损失约 2004.7 万元。该事故的直接原因为：坍塌区域 1 号横通道上方富水砂层及强风化层逐渐加厚，拱顶围岩为强风化砂砾岩，裂隙发育，局部揭露溶洞，围岩总体稳定性差，根据事故后现场钻探岩芯与稀盐酸反应，存在起泡现象，表明塌陷区存在钙质砂岩，与广东岩溶红层主要为砾屑石灰岩、钙质砂岩和砾岩相符。由于地下水丰富，地下水流作用冲蚀，易形成以溶蚀为主的假岩溶，施工时发生透水，坍塌的风险高。

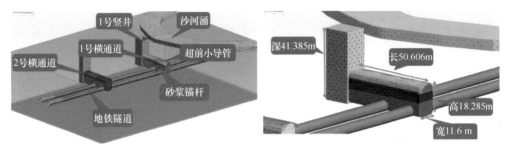

图 1-13 1 号通道设计方案三维模型

图 1-14 坍塌区周边环境

4. 青岛地铁 4 号线崂山区静港路站至沙子口站区间

2019 年 5 月 27 日 17 时 40 分左右，由中铁二十局集团有限公司施工的青岛地铁 4 号线崂山区静港路站至沙子口站区间（以下简称"静沙区间"），在左线小里程 ZDK25＋343 位置（距离洞口 114m 处）发生洞内涌水突泥，造成现场施工人员 5 人死亡、3 人受伤，直接经济损失 785 万元。经综合分析，事发段强风化凝灰岩受断裂影响带地下水渗流侵蚀形成"存水空洞"，风化深槽处地下水承压性大幅增加，地层局部隔水层缺失导致强风化凝灰岩遇水软化承载力大幅降低，随着开挖的邻近，隧道掌子面上方和前方围岩在水土压力下达到极限状态突然垮塌，造成大规模、高流动性涌水突泥灾害事故。

1.5 隧道下穿建筑物工程特点及风险

1.5.1 国内工程案例分析

随着国内地下工程建设的发展，地铁隧道不可避免地跟既有建筑地下结构和桩基产生交汇，通过文献调研，国内相关工程案例见表 1-2。根据对国内桩基托换工程的总结发现，目前国内大部分城市桩基托换工程主要为隧道下穿市政高架道路和市政桥梁，下穿的基础结构为承台桩基础，其主要的原因是：地铁线路和市政道路基本重合。尤其是城市高架和 BRT 线路修建，地铁隧道穿越桩基础的可能性增大。

桩基托换工程实例表　　　　　　　　　表 1-2

地点	名称	基础类型	基础结构
成都	成都地铁 11 号线	汽车坡道桩基	承台桩基础
成都	成蒲铁路西环线	高速立交桥桩基	圆形墩和桩柱式基础
广州	进城外线	高架桥桩基	承台桩基础
北京	北京地铁 10 号线	国贸大厦立交桥	承台桩基础
天津	天津地铁 3 号线	铁东路立交桥	承台桩基础
哈尔滨	哈尔滨地铁 3 号线	前进路高架桥	承台桩基础
南京	南京地铁 5 号线	南京长江大桥南路扩建工程	承台桩基础
厦门	枋钟路隧道	云顶北路交叉口处(K22＋925～K22＋985)下穿已建成运营的 BRT 桥	承台桩基础
兰州	兰州地铁 1 号线	市政桥梁桩基	承台桩基础
西安	西安地铁 1 号线	鱼儿沟桥	承台桩基础
武汉	武汉地铁 5 号线	长江大桥匝道引桥	承台桩基础

1. 武汉地铁 5 号线下穿工程

武汉地铁 5 号线彭刘杨路站—司门口站区间隧道侧穿大片构筑物，半山桥为武汉长江大桥的匝道引桥，隧道下穿半山桥区段采用 CRD 工法暗挖，正下穿半山桥 7 号及 9 号桥桩，最大侵入隧道内部距离达到 5m。半山桥桩基为桩径 1m 钻孔桩，桩长 20～20.5m，桩底入中风化泥岩 3.5～7.6m。托换段区间隧道主要穿越强风化泥岩、中风化泥岩，如图 1-15 所示。采用洞内桩基托换、截桩后盾构空推过桥的方案。

2. 兰州轨道交通 1 号线下穿工程

兰州轨道交通 1 号线拱星墩—焦家湾区间是沿兰州市东岗东路铺设，区间隧道采用矿山法施工。区间出拱星墩站后，沿东岗东路敷设，穿过鱼儿沟后以 $R=450m$ 的曲线向东北偏转，继续沿道路下方敷设，最后进入焦家湾站。区间隧道与既有鱼儿沟桥桩基相互影响，故需对鱼儿沟桥进行改造，鱼儿沟桥与地铁区间隧道位置关系如图 1-16 所示。鱼儿沟桥为 1 跨 20m 预应力混凝土空心板梁桥，上部结构为预

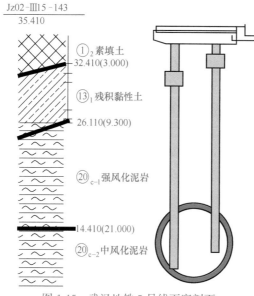

图 1-15　武汉地铁 5 号线下穿剖面

应力混凝土空心板，梁高 0.9m，每片中梁宽度为 1.25m，每片边梁宽度为 1.5m，全桥共设 22 片中梁、2 片边梁。下部结构采用桩接盖梁式桥台，桩径 1.2m，桩长 17m，每个桥台下设 8 根桩基。区间隧道在桥址处下穿，与鱼儿沟桥梁桩基冲突，为尽量减少对城市主干道的影响，同时减少周围拆迁及管线改移、节省投资，设计采用桩基托换技术。

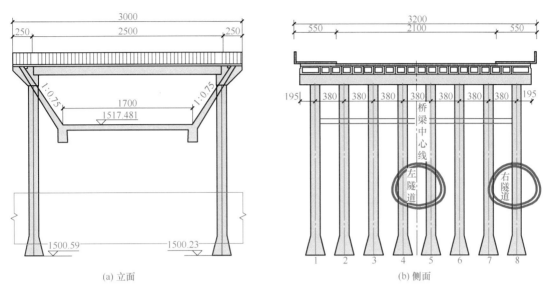

(a) 立面   (b) 侧面

图 1-16 兰州轨道交通 1 号线下穿工程剖面图（尺寸单位：mm）

1.5.2 隧道下穿建筑物的工程特点

在城区或者人类工程活动密集区，由于隧道开挖造成地面沉降，导致地表建筑、交通和水利工程基础变形，影响已有地下工程和管网的安全。隧道在开挖过程中，岩土体中出现临空面，岩土体的平衡受到破坏，从而改变了隧道周边的变形。当隧道埋深较浅时，变形则会传递至地表，造成地表的隆起或者沉降。隧道下穿造成地表变形的主要因素为：

（1）隧道开挖过程中，未提前支护，导致掌子面应力释放；

（2）提前支护，初期支护和衬砌强度不足，导致土体变形；

（3）注浆过程中，注浆不及时或者注浆率不足造成岩土体变形；

（4）隧道开挖过程中，出现了超挖、欠挖、偏移，或者开挖扰动过大；

（5）开挖过程中导致地下水位下降或者土体固结，从而诱发地表变形。

目前，国内外对隧道变形沉降的预测主要包括：经验公式法、理论解析法、数值模拟法以及模型试验法。

1. 经验公式法

Peck 通过大量隧道开挖造成地表变形的数据，认为隧道地表沉降曲线如图 1-17 所示，并总结了地表沉降的预测公式：

$$s(x) = s_{\max} \exp\left(-\frac{x^2}{2i^2}\right) \tag{1-40}$$

$$s(x) = \frac{V_i}{\sqrt{2\pi i}} \tag{1-41}$$

$$i = \frac{Z}{\sqrt{2\pi} \tan(45° - \varphi/2)} \tag{1-42}$$

式中：V_i 为单位长度下的地层损失率；i 为沉降槽宽度；Z 为隧道埋深；φ 为土的内摩擦角。

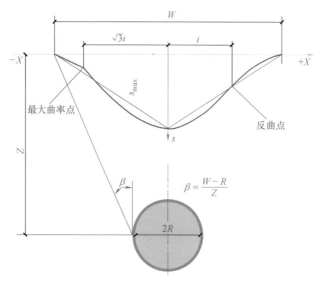

图 1-17　隧道地表沉降曲线示意图

O'Reilly 和 New 在总结英国伦敦隧道开挖地表变形的基础上，提出 i 和隧道埋深的线性关系为：

$$i = KZ_0 \tag{1-43}$$

式中：K 为沉降槽宽度系数，与土性相关。对于无黏性土，取 $0.2 \sim 0.3$；对于硬黏土，取 $0.4 \sim 0.5$；对于粉质黏土，可达到 0.7。

由于 Peck 公式中存在经验系数和沉降槽宽度系数 K，为此大量学者在此基础上对模型进行了不同程度的修正。韩煊等对我国部分地区沉降槽宽度系数的初步取值进行了总结，见表 1-3。根据统计数据，对于长三角和珠三角等地区砂土、黏性土，取值为 $0.5 \sim 0.8$，深圳的地层损失率为 3.01%，上海的地层损失率为 6.9%。成都为冲积平原，地层为砂卵石碎石土，沉降槽宽度系数为 $0.2 \sim 0.8$，地层损失率为 $0.25\% \sim 1.35\%$。北京的地层为砂土、黏性土互层，沉降槽宽度系数为 $0.21 \sim 0.6$，地层损失率为 $0.54\% \sim 1.76\%$。根据上述取值范围，各地的沉降槽宽度系数取值为 $0.2 \sim 0.8$，其中淤泥质土的取值为 0.5，碎石土和砂土的取值为 $0.2 \sim 0.5$。但是经验取值只能给出大致的取值规律，由于地面下沉还受到地下水、开挖工艺和施工质量等诸多因素的影响，因此用于预测地面沉降量目前仍不准确。

我国部分地区沉降槽宽度系数的初步建议值　　　　　　　　　　　　　　　　表 1-3

地区	样本数	基本地层特征	沉降槽宽度系数 K	地层损失率 V_i
广州	1	黏性土、砂土和风化岩	0.76	—
深圳	9	黏性土、砂土和风化岩	$0.6 \sim 0.8$	3.01%

续表

地区	样本数	基本地层特征	沉降槽宽度系数 K	地层损失率 V_i
上海	6	饱和软黏土、粉砂	0.5	6.9%
柳州	4	硬塑状黏土	0.3~0.5	—
北京	17	砂土、黏性土互层	0.21~0.6	0.54%~1.76%
台湾	1	砂砾石	0.48	—
香港	1	冲积层、崩塌层	0.34	—
成都	36	砂卵石	0.2~0.8	0.25%~1.35%
太原	13	新黄土、粉土、粉质黏土、砂层及少量圆砾地层	0.3~0.6	0.1%~0.28%
合肥	110	砂土、泥岩、砂土、黏土等	0.5~0.7	—
焦作	3	粉砂土、粉质黏土	—	0.5%~1.0%

当开挖的隧道为双线隧道时，任何一侧的开挖可能对另外一侧的地表产生叠加的影响。马可栓在 Peck 公式的基础上，提出了双线隧道施工的地表沉降计算方法，地表沉降曲线如图 1-18 所示，计算公式如下所示：

$$s(x) = s_{\max 1} \exp\left[-\frac{(x-0.5l)^2}{2i_1^2}\right] + s_{\max 2} \exp\left[-\frac{(x-0.5l)^2}{2i_2^2}\right] \tag{1-44}$$

式中：l 为两隧道的水平间距；i_1 为先行线沉降槽宽度；i_2 为后行线沉降槽宽度。卢健等引入了最大沉降比，Zhou 等引进了扰动修正系数，高盟等通过大量工程实例，引入最小二乘法对 Peck 公式进行了修正。

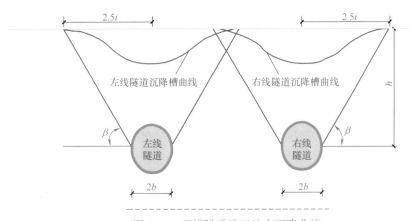

图 1-18　双线隧道施工地表沉降曲线

2. 理论解析法

解析法的主要思路是将岩土体假设为弹性连续介质，同时将计算模型进行简化，通过一系列的力学和数学推导得到地表变形的解析解。主要包括温克尔弹性地基梁、复变函数法、极坐标下应力函数法、能量守恒等方法。

3. 数值模拟法

随着计算机技术的发展，数值计算逐渐成为工程受力和变形分析的主要分析方法之一。隧道下穿建筑涉及岩土、工程地质、水文地质结构力学等多个学科，其物理力学机制则涉及流固耦合、结构力学、弹性力学、连续介质力学、离散介质力学以及离散-连续力学耦合作用过程等复杂作用机制。在求解这些复杂的力学问题时，常采用的数值方法为有限元法、离散元法、无质点法、SPH、有限差分法、边界元法和 DDA 等方法。常运用的软件包括：FLAC、PFC、3DEC、ANSYS、MIDAS、ABAQUS、PLAXIS 3D 等。

4. 模型试验法

模型试验主要是将开挖的工况在试验室或者现场进行缩尺试验，采用液压或者重力加压的方式模拟地应力。采用应变计、应力计、DIC 和微振传感器等多种设备和技术对开挖过程的应力和应变过程进行监测和分析。其优点在于试验过程中的应力和试验材料可以根据实际工况进行调整，缺点在于尺寸效应无法有效解决，因此难以全面地模拟真实工况，主要作用在于定量的认识。此外，岩土体内部的破坏和变形难以观测，虽然目前有学者提出用透明土的方式进行模拟，但是透明土在模拟复杂的水-土相互作用以及碎石土或者复杂地层等方面仍存在一定的挑战。

1.5.3 隧道下穿建筑的风险特征

隧道下穿建筑的风险主要包括地质风险、人为风险、材料风险、设备风险、技术风险和管理风险。

1. 地质风险

地质风险主要包括隧道下穿富水软弱土层、隧道穿过填土层、有毒有害气体、隧道土压力集中、隧道穿越褶皱和断层、隧道穿越承压水等。由于在初勘阶段和详勘阶段，在复杂地质情况下难以获得详实的地质情况基础数据，因此在实际过程中，常出现涌水、涌砂、塌方、有毒有害物质导致中毒、穿越断层褶皱支护难度大等地质风险。为此在初勘和详勘阶段需要对地质环境因子做更为精细化的调查，保证地质数据的准确性。同时在施工过程中，需要根据施工的岩土体情况进行超前地质预报，为优化开挖支护方案提供数据支撑。

2. 人为风险

在隧道下穿施工工程中，对施工的要求更高，对开挖步距和开挖范围，以及各项支护手段和监测措施均具有更高的要求。施工负责人需要有丰富的经验和现场协调能力，施工人员需要熟练掌握各种新技术和新机械后进行施工。定期对施工负责人和施工人员进行安全培训和技术培训。

3. 材料风险

符合要求的材料是施工质量的保证。在隧道下穿时，需要保证注浆材料和各种支护材料，以及桩基托换材料等材料的质量。并严格进行各种材料的运输、加工和储存管理。防止材料出现发霉、生锈、挥发、变性等影响材料性能的情况，加大对材料安全的管理。

4. 设备风险

在隧道下穿建筑时，不仅需要隧道开挖设计的挖掘机、各种类型的台车、造岩设备、混凝土相关设备、通风供电等设备，还涉及基础截断、液压支撑等设备。在施工中需要优先选择性能先进和稳定的施工设备，以保证施工更加高效和安全。

5. 技术风险

在隧道下穿过程中，在选定技术方案时，需要综合考虑技术方案不恰当造成的地表沉降或者地面裂缝，在选择下穿基础处理方案时，应充分考虑由于隧道下穿或者基础截断造成的建筑变形。同时，施工时需要控制各种作业造成的地面振动，保证施工安全。

6. 管理风险

在地质条件复杂和地表环境复杂的场地开展隧道下穿建筑施工，存在较多的施工布局，存在较多的不可控因素，项目管理难度增大。项目的施工需要诸多部门相互协调、相互配合，合理地安排施工步序，科学地制定施工方案。如果在施工过程中项目管理混乱、施工作业顺序交叉、施工方案不合理、部门协调性差、各个班组之间配合差，则可能导致施工作业质量问题和效率问题。因此如何提高各个部门的管理效率，通过管理实现效益的提升，是隧道下穿建筑工程高效率的重要保证。

在进行隧道下穿作业施工时，应借鉴地铁工程、建筑工程、铁路隧道工程等领域施工经验与研究成果，并参照相关规范，对施工设计的风险源进行分析和识别，总结出隧道下穿建筑的风险因子。

1.6 研究内容和创新点

综合上述分析可知，在富水软弱地层进行矿山法隧道施工时，极易在工程扰动作用下，导致地层发生较大变形和较为严重的突水突泥事故，严重威胁人民生命财产安全。尤其是地铁隧道下穿建（构）筑物时，极易诱发地表沉陷或不均匀沉降，造成建（构）筑物损坏。为了系统全面地研究富水软弱地层矿山法隧道下穿建筑物桩基影响及控制技术，以深圳益田停车场出入线隧道下穿海关检查楼加固工程为依托，通过调查隧道下穿建筑施工工艺和工程特点，基于现场调研、数值分析和现场实践等方法，展开以下研究：

（1）隧道下穿建筑工法特征和安全性分析。

（2）地上建筑物附加荷载对隧道结构的影响。

（3）富水软弱地层矿山法隧道下穿建筑物桩基影响分析。

主要创新点：

（1）研究超小净距隧道施工工艺，通过数值分析揭示超小净距隧道力学机制，为超小净距施工提供理论支持。

（2）研究地上建筑物附加荷载对隧道结构的影响，提出不同基础深度下隧道矿山法开挖对基础变形和受力的影响规律，以及岩土体内的应力重分布特征。

（3）开展深圳益田停车场出入线隧道下穿海关检查楼加固试验，提出了采用浅埋暗挖法及喷锚构筑法进行设计，采用复合式衬砌结构，即以钢筋网、喷射混凝土和钢架为初期支护，以模筑钢筋混凝土衬砌为二次衬砌组成，并设置超前小导管等超前支护措施。

第2章 ▶▶

隧道下穿建筑工法概述

2.1 隧道下穿开挖工法介绍

2.1.1 矿山法施工工法介绍

相比于盾构法，矿山法具有场地布置灵活、占地少、工法灵活多变与适应性强等明显优势，在盾构法无法实施或盾构法经济性较差的地段，往往成为盾构法的必要补充。

矿山法的实质可用 18 字原则来阐明，即"管超前、严注浆、短开挖、强支护、快封闭、勤量测"。矿山法中的浅埋暗挖法与明挖法、盾构法相比较，由于其避免了明挖法对地表的干扰性，而又较盾构法具有对地层较强的适应性和高度灵活性，在世界各国的城市地下工程建设中得到广泛的应用。矿山法施工方法可以保证施工安全。

矿山法隧道开挖中使用的开挖方法较多，根据开挖面的形式和施工顺序具体划分为以下几种具体方法：全断面法、正台阶法、环形开挖法、双侧壁导坑法、中隔壁法、中洞法、侧洞法、柱洞法、洞桩法等。隧道施工根据地质情况和围岩分级情况采取不同的工法施工，能有效预防沉降和收敛，避免事故的发生。

1. 三台阶七步开挖法

（1）三台阶七步开挖法应以机械开挖为主，各分部平行作业，平行施作初期支护，各部位初期支护应衔接紧密，及时封闭成环。

（2）仰拱应紧跟下台阶施作，及时闭合构成稳固的支护体系。

（3）施工过程中应通过监控量测掌握围岩的支护和变形情况，及时调整支护参数和预留变形量，保证施工安全。

（4）应完善洞内临时防排水体系，防止地下水浸泡拱墙脚基础。

（5）拱部超前支护完成后，环向开挖上台阶弧形导坑，预留核心土长度宜为 3～5m，宽度宜为隧道开挖宽度的 1/3～1/2。上台阶每循环开挖支护进尺，Ⅴ级围岩不应大于一榀钢架间距，Ⅳ级围岩不应大于两榀钢架间距。

（6）中台阶及下台阶左、右侧开挖进尺应根据初期支护钢架间距确定，最大不得大于 1.5m，开挖高度宜为 3～3.5m，左、右侧台阶错开 2～3m。

（7）上、中、下台阶预留核心土开挖进尺与各台阶循环进尺相一致。

（8）仰拱循环开挖长度宜为 2～3m，开挖后及时施作仰拱初期支护，完成两个隧底开挖、支护循环后，及时施作仰拱，仰拱分段长度宜为 7～6m。

三台阶七步开挖法具体施工工序示意图如图 2-1、图 2-2 所示。

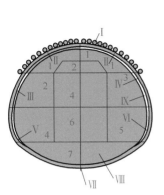
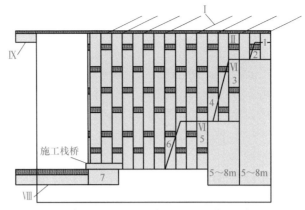

二次衬砌距掌子面距离：Ⅳ级软弱围岩不大于90m，Ⅴ级软弱围岩不大于70m

图 2-1　三台阶七步开挖法施工工序示意图

Ⅰ—超前支护；Ⅱ—上部初期支护；Ⅲ、Ⅳ—中部两侧初期支护；Ⅴ、Ⅵ—下部两侧初期支护；

Ⅶ—仰拱初期支护；Ⅷ—仰拱及填充混凝土；Ⅸ—拱墙二次衬砌；1—上部弧形导坑开挖；2、3—中部两侧开挖；

4、5—下部两侧开挖；6-1、6-2、6-3—上、中、下部核心土开挖；7—仰拱开挖

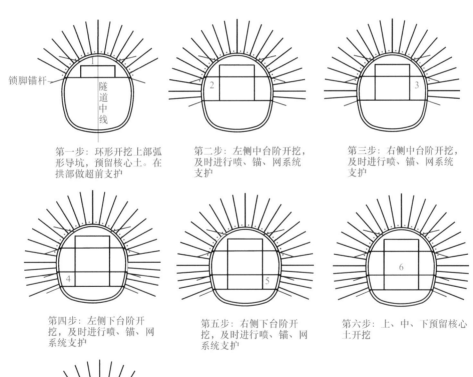

第一步：环形开挖上部弧形导坑，预留核心土。在拱部做超前支护

第二步：左侧中台阶开挖，及时进行喷、锚、网系统支护

第三步：右侧中台阶开挖，及时进行喷、锚、网系统支护

第四步：左侧下台阶开挖，及时进行喷、锚、网系统支护

第五步：右侧下台阶开挖，及时进行喷、锚、网系统支护

第六步：上、中、下预留核心土开挖

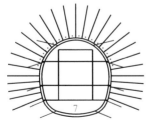

第七步：隧道底部开挖

图 2-2　三台阶七步开挖法横向施工工序示意图

2. 中隔壁法（CD法）

（1）中隔壁法左右部的台阶高度应根据地质情况、隧道断面大小和施工设备确定。每侧按两部或三部分台阶开挖，开挖后应及时施作初期支护、中隔壁；两侧先后距离宜保持10～15m，上下断面的距离宜保持3～5m。

（2）各部开挖时，相邻部位的喷射混凝土强度应达到设计强度的70%以上。

（3）中隔壁在浇筑仰拱前逐段拆除。中隔壁一次拆除长度应根据试验段量测结果确定，不宜大于15m，钢架应逐榀拆除，不得数榀钢架同时拆除。拆除后，应及时施作仰拱和二次衬砌。

（4）中隔壁拆除试验段长度不宜大于6m，间隔拆除中隔壁拱架。中隔壁拆除前，中隔壁周围布设变形监测点，记录初始值，拆除作业时随时观测变形情况。

（5）特殊情况下可将中隔壁浇筑在仰拱中，待铺设防水板时再割断。

（6）钢架拆除过程中，拱顶下沉异常时，应暂停钢架拆除并采取加固措施。特别异常时，应立即发出警报，通知洞内人员立即撤离。

中隔壁法（CD法）具体施工工序示意图如图2-3所示。

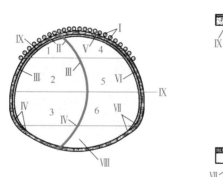
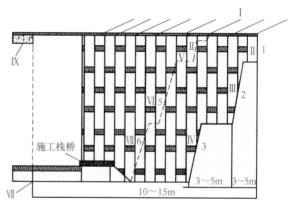

二次衬砌距掌子面距离：Ⅳ级软弱围岩不大于90m，
Ⅴ级软弱围岩不大于70m

图2-3　中隔壁法（CD法）施工工序示意图

Ⅰ—超前支护；Ⅱ—左侧上部初期支护；Ⅲ—左侧中部初期支护；Ⅳ—左侧下部初期支护；Ⅴ—右侧上部初期支护；Ⅵ—右侧中部初期支护；Ⅶ—右侧下部初期支护；Ⅷ—仰拱及填充混凝土；Ⅸ—拱墙二次衬砌；1—左侧上部开挖；2—左侧中部开挖；3—左侧下部开挖；4—右侧上部开挖；5—右侧中部开挖；6—右侧下部开挖；7—拆除中隔墙

3. 交叉中隔壁法（CRD法）

（1）根据地质条件，隧道断面的分布，应以初期支护受力均匀，便于发挥人力、机械效率为原则，水平方向宜分两步，上下分2～3层开挖。

（2）各部开挖及支护应自上而下，开挖后及时施作初期支护、中隔壁、临时仰拱，步步成环。

（3）同一层左右两部开挖工作面相距不宜大于15m，上下层开挖工作面相距宜保持3～4m，且待喷射混凝土强度达到设计强度的70%后开挖相邻部位。

（4）宜缩短各部开挖工作面的间距，使初期支护尽早封闭成环。

（5）中隔壁在浇筑仰拱前逐段拆除。中隔壁一次拆除长度应根据试验段量测结定，并不应大于 15m，钢架应逐榀拆除，不得数榀钢架同时拆除。拆除后应及时施作仰拱和二次衬砌。

（6）中隔壁拆除试验段长度不宜大于 6m，间隔拆除中隔壁拱架。中隔壁拆除前，中隔壁周围布设变形监测点，记录初始值，拆除作业时随时观测变形情况。

（7）钢架拆除过程中，拱顶下沉异常时，暂停钢架拆除并采取加固措施。特别异常时，应立即发出警报，通知洞内人员立即撤离。

交叉中隔壁法（CRD 法）具体施工工序示意图如图 2-4 所示。

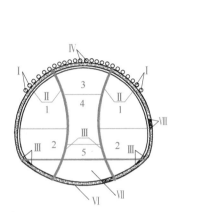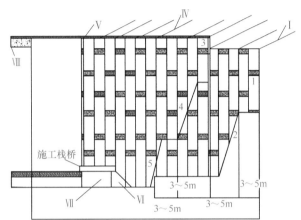

二次衬砌距掌子面距离：Ⅳ级软弱围岩不大于90m，Ⅴ级软弱围岩不大于70m

图 2-4　交叉中隔壁法（CRD 法）施工工序示意图

Ⅰ—超前支护；Ⅱ—左侧上部初期支护成环；Ⅲ—左侧中部初期支护成环；Ⅳ—左侧下部初期支护成环；Ⅴ—右侧上部初期支护成环；Ⅵ—右侧中部初期支护成环；Ⅶ—右侧下部初期支护成环；Ⅷ—仰拱及填充混凝土；Ⅸ—拱墙二次衬砌；1—左侧上部开挖；2—左侧中部开挖；3—左侧下部开挖；4—右侧上部开挖；5—右侧中部开挖；6—右侧下部开挖；7—拆除中隔墙及临时仰拱

4. 双侧壁导坑法

（1）侧壁导坑形状宜近似于椭圆形断面，导坑断面宽度宜为整个断面宽度的 1/3。

（2）侧壁导坑、中槽部位宜采用短台阶法开挖，各部距离应根据隧道埋深、断面大小、结构类型等选取。各部开挖后应及时进行初期支护及临时支护，并尽早封闭成环。

（3）两侧壁导坑超前中槽部位 10～15m，可独立同步开挖和支护；中槽部位采用台阶法开挖，并保持平行作业。

（4）中槽开挖后，拱部钢架与两侧壁钢架应连接牢固，在两侧壁导坑施工中，钢架的位置应准确定位，各部架设钢架连接后应在同一个垂直面内，避免钢架发生扭曲。

（5）侧壁拆除试验段长度不宜大于 6m，侧壁拆除前，侧壁布设变形监测点，记录初始值，拆除作业时随时观测变形情况。

（6）侧壁在浇筑仰拱前逐段拆除。侧壁一次拆除长度应根据试验段量测结果确定，不宜大于 15m，钢架应逐榀拆除，不得数榀钢架同时拆除。拆除后应及时施作仰拱和二次衬砌。

（7）钢架拆除过程中，拱顶下沉异常时，暂停钢架拆除并采取加固措施。特别异常时，应立即发出警报，通知洞内人员立即撤离。

2.1.2 辅助工法介绍

矿山法隧道地层超前预加固措施，如何充分认识、利用与改造砂卵石围岩，基于有效的超前支护措施，实现"超前支护、快速封闭、安全通过"的目的，是面临的一大挑战。

要满足浅覆软弱隧道围岩稳定及环境对其的高要求，进行预支护（加固）是必要手段之一，意大利人 Lunardi 教授在研究围岩的压力拱及新奥法施工理论的基础上提出了ADECO-RS 工法（Analysis of Controlled Deformations in Rocks and Soils——岩石及岩土变形控制分析法）。该法采用新型的地下工程概念，基于掌子面前方岩土体系的应力-应变分析将围岩分为 A、B、C 三个等级，对于 C 级围岩，特别强调超前核心岩土的预加固及变形监测，掌握变形反应，从而达到保证隧道掌子面稳定和控制变形的目的。与新奥法相比主要有以下特点：

（1）可实现全断面开挖，全断面开挖作业空间大，干扰小；开挖一次成型，对围岩的扰动次数少，利于围岩自稳性能的发挥；工序少，便于施工组织与管理；有条件充分利用机械，在减少人力的同时改善工人劳动环境，实现隧道建设的工业化、机械化，大大提高生产力，产生经济、社会效益。因此，Rabcewicz、Lunardi、Tonon 等主张隧道建设应尽可能采用全断面方法开挖。

（2）地层适应性强，特别是对难以形成自然拱效应的松散围岩（C 级）有显著的优越性。

（3）软弱地层大断面隧道优势明显，与"CRD"工法、眼镜工法相比，其安全性、施工质量、施工进度都具有较大的优越性。

然而上述特点是以对掌子面核心岩土的分析、加固、监测为前提的，掌子面核心岩土的加固则成为该方法的首要任务。

按照 ADECO-RS 工法原理分类，浅覆软弱围岩对应为 C 级，即无法形成拱部效应，为保证隧道围岩稳定，必须进行预支护（加固）。预支护受水的影响很大，尤其是动力水的影响。因此，一般采用超前拱部预支护形成拱部效应，同时采用合理方法加固核心土以进一步控制地层变形。针对该类围岩选用的预支护（加固）方法展开研究，目前，拱部预支护的手段主要有注浆、超前小导管、注浆管棚、水平旋喷等，掌子面加固的手段多为锚杆（有时结合注浆），包括金属、木、竹、玻璃纤维锚杆等。

注浆：注浆是隧道预加固应用最广、最基本的手段。当围岩软弱至只有短期内自稳能力甚至没有自稳能力时，为了保证工作面稳定并控制变形，往往预先对地层进行超前预注浆，注浆机理主要有渗透注浆、劈裂注浆、压密注浆、高压喷灌注浆四种，注浆材料包括普通水泥单液浆、超细水泥浆、改性水玻璃浆、水泥-水玻璃双液浆等。

按照成孔方式和注浆长度可将注浆分为短孔注浆和超前深孔注浆，短孔注浆通常与超前小导管相结合，而当短孔注浆难以满足围岩加固范围和止水效果时，同时为避免短孔注浆循环次数多、费时等缺陷，在有压地下水及地下水丰富的软弱破碎地层中，可采用超前深孔注浆，也称为帷幕注浆。

工程中注浆位置主要有地表、洞内、平导等，当隧道埋深较浅，地表又存在作业条件时，优先考虑地表注浆，对于设有辅助平行导坑的深埋长大隧道，可利用平导进行超前注浆，可以减少对隧道开挖的干扰，加快施工速度。

锚杆：锚杆作为矿山法施工隧道初期支护组成之一，也是隧道预加固方法之一，它具有操作简单、灵活、见效快等特点，是岩石隧道预支护（加固）中应用最为广泛的一种（图2-5）。锚杆具有支撑、加固围岩、提高围岩层间摩阻力，形成"组合梁""悬吊"等作用，且其种类繁多。按照锚固形式分类，有端头锚固式、全长粘结式、摩擦式、混合式，这四大类又包含着各种亚类，如全长粘结式包含了水泥浆全粘式、水泥砂浆全粘式及树脂全粘式等；按照材料分类，有金属锚杆、木（竹）锚杆、玻璃钢纤维锚杆等；按照结构分类，有中空、实心等。不同形式及组合的锚杆加固及支护作用迥异。

根据锚杆施工与工作面开挖的先后顺序，可将锚杆分为预加固锚杆和支护锚杆（或称为系统锚杆）。此处所指锚杆侧重于预加固锚杆，其布置形式有地表垂向、工作面的水平向及拱部的斜向等。

在软弱地层预加固中，常采用工作面水平向布置的预加固类锚杆结合其他诸如管棚、水平旋喷等大刚度预支护结构共同控制地层变形。

超前小导管：小导管一般由直径为32～60mm的钢管制成，由锥体管头、花管、管体三部分构成，纵向长度多为3～6m，将其横向布置在隧道拱部后开挖。

在轮廓线外一定范围内，向工作面前上方倾斜一定角度，尾端常与工作面后方钢拱架连成整体，以提高整体刚度。为进一步提高预支护（加固）的效果，一般对超前小导管进行注浆，如果间距适宜，相邻导管注浆半径吻合，注浆体饱满，可在隧道开挖轮廓外提前形成一定厚度的结构体，在加固围岩的同时可承担上覆荷载。

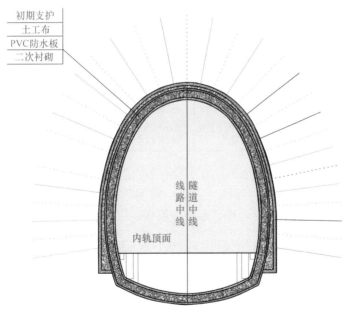

图2-5 锚杆布置示意图

注浆管棚：管棚布置与超前小导管类似，但钢管直径较大，一般为79～600mm，长度较长，一般为20～40m，故刚度较小、导管大，对地层稳定及变形控制效果较好，多应用于软弱破碎地层、邻近有敏感建（构）筑物隧道的预支护等。

水平旋喷：广义上讲，旋喷属于注浆加固的一种，是在一般导管注浆基础上发展起来的，以高压旋喷的方式切削土体，在一定程度上置换地层，形成浆液与地层的混合加固体，起先旋喷注浆多为垂直旋喷，之后在此基础上逐渐发展到倾斜及水平旋喷技术。目前，旋喷技术已经比较成熟，国内外均有众多成功应用。

采用水平旋喷技术，在隧道开挖轮廓线外形成拱形加固区，以起到地层预加固与预支护的作用，在富水情况下还可以起到止水效果，因此尤其适用于富水软弱地层隧道工程的预加固。

根据加固结构与围岩的相互作用，可将上述手段分为预支护与预加固两类。预加固侧重于对地层物性指标的提高，保证围岩在应力释放过程中不发生失稳或变形过大，比如常规注浆、锚杆等；预支护侧重于预加固结构的支护功能，即加固区物性指标提高至一定程度后，具有良好的支护功能，因此加固结构的刚度一般远大于周边围岩，比如长大管棚、水平旋喷等。典型预支护（加固）技术对比见表2-1。

典型预支护（加固）技术对比   表 2-1

加固手段		优点	缺点	适用条件
预加固	注浆	灵活、简便、可选方法多	均匀性难以保证,加固刚度较小,易造成浆液浪费,部分地层注浆难度大	地下水流动性小、孔隙较大的砂土或破碎地层
	锚杆	灵活、简便、不需专门设备	柔性大,整体刚度小,正面金属锚杆影响开挖	地下水较少的破碎、软弱围岩中
预支护	超前小导管	施工速度快,施工机械简单,工序转换方便	加固范围有限,注浆效果难以保证,基本不具备止水功能,循环次数多	有一定自稳能力且无重大风险源,更换方便
	注浆管棚	整体刚度大,支护效果好,防塌功能显著;一次性施作长度大	施工精度控制要求较高,注浆效果难以保证,止水功能弱	围岩压力较大,对围岩变形及地表沉降有较严格要求的软弱、破碎围岩隧道工程中
	水平旋喷	效率高,无需成孔,钻孔旋喷一体;质量优,桩体强度高,有较好的防塌防渗功能	抗弯抗剪能力差,施工控制难度大,浆液回流损失率高,遇到障碍物难以处理	适用于黏性土、砂性土、淤泥等软土地层,尤其适用于富水无自稳能力的地层中

由表2-1可知，各预支护（加固）方法均有各自的优缺点和适用性，实际工程中应根据具体情况选择合适的预支护（加固）方法，或者结合两种甚至多种预支护（加固）手段，以达到工程的安全、快速、合理、经济等要求。

2.1.3 矿山法地铁隧道施工期间主要地下水问题

土压平衡盾构技术的发展与应用，克服了地面沉降难题，具有安全、高效、经济等优点，广泛应用于地铁隧道工程中。但是，当隧道太短，使用盾构不经济或地面与空间限制，无法安装、运输或使用盾构机，或地铁线路布置复杂，隧道横断面变化，遇到如折返线段等复杂断面情况时，仍常用矿山法施工。因为矿山法具有灵活、设备简单、适应各种断面和不同地质条件的优点。因此，研究矿山法地下水防渗问题是非常必要的。

目前，采用防水卷材的矿山法暗挖隧道，尤其是异形断面隧道的防水工程往往存在较严重的质量问题，无法达到理想的防水效果，这与设计、施工环境、施工工艺等因素密切相关。

（1）开挖初期支护地下水渗漏问题。为了提高初期支护的防水性能，应尽量保证其密实度，要求喷射混凝土表面不得有滴漏，达到长期三级防水标准。但在实际施工中，为了迅速形成具有一定强度的承压支护结构，通常采用边挖边支边喷射混凝土的施工方法，由于喷射混凝土的密实度及步距接缝等工艺上的因素，初期支护往往难以达到良好的抗渗效果，给后续施工造成质量隐患，即使采取围岩注浆或引排等措施，也只能保证在施工阶段达到防水标准，由于围岩应力的变化和运营荷载的长期作用，初期支护往往较难满足长期三级防水标准要求。

（2）防水板设置时地下水渗漏问题。在初期支护与内衬层之间必须全断面（包括仰拱）设置全包防水板，以形成全封闭隔水层，但存在着下列问题：

① 对于地铁隧道工程，如长约 1km 的隧道，其焊缝总长可达数万米，要保证它均焊接良好具有一定难度，加上在后续工序尤其是钢筋绑扎或焊接时，也难免发生防水板被刺穿或烧破而影响防水效果。

② 在异形断面隧道中，隧道与通道、车站结构的连接部位的防水卷材焊接和保护难度大，尤其是双联拱和二连拱隧道在后期防水板焊接时，预先敷设的防水板可能已在隧道开挖和爆破时出现了破损。

③ 由于防水卷材与初期支护和二次衬砌混凝土之间不进行粘结，故一旦某处漏水，防水板内外就形成过水通道串通整个区间隧道，对于一衬的渗漏较难查出水源并进行堵截。在防水板敷设后，一衬混凝土浇筑使防水板下坠，加上封闭初期支护时形成的水囊，使拱顶部位结构厚度无法达到设计要求。

（3）地下水抽降时地面沉降问题。当矿山法隧道施工期间遇富含地下水段地层时，一般先采用抽降水的方法，而抽降水会将土体孔隙水压力降低、有效应力增加，从而使地面沉降加剧，危险的话有可能导致周边建筑物发生不均匀沉降。

（4）地下水弱化结构承载力问题。一方面，受地下水侵蚀的影响，地铁隧道围护结构强度减小，从而承载力减弱；另一方面，地下水作为一种荷载施加在围护结构上，将使围护结构承受的荷载增加，有可能达到强度极限，故也可能降低围护结构的稳定性。

2.1.4　矿山法地铁隧道施工期间地下水防治技术及优缺点分析

矿山法隧道的防水设计遵循地铁设计规范规定的"以防为主、刚柔结合、多道防线、因地制宜、综合治理"的原则。目前，主要的结构性防水措施及优缺点如下。

（1）单层衬砌防水系统。衬套防水系统不仅具有良好的防水效果，而且能有效地减少初期支护喷射混凝土对二次衬砌混凝土的约束应力，减少内衬混凝土干缩时的约束应力，同时在结构允许的变形范围内，不但保持了良好的防水效果，还减少了结构混凝土因开裂或不密实而遭受地下水的侵害与破坏，提高了结构主体混凝土的使用寿命。

（2）全封闭方案防水系统。当地层透水系数大，或引排水对周边环境不利（如地表沉陷问题），或地下水对混凝土有侵蚀性地段，必须采用全封闭的方案，其优点是把水拒之于全包防水层以外，有利于二次衬砌的质量。考虑到地铁运营的成本、城市持续发展的需求、结构防水的设计标准及地铁区间设备的养护和维修，全封闭方案是较理想的设计。由于防水板材料特性，其寿命远比混凝土结构短。防水板腐蚀、老化后，结构防水主要由混凝土结构自身承担。同时，由于防水板腐蚀、老化，会在二次衬砌和初期支护之间留下空隙，这对二次衬砌结构的内力会有一定的影响。

（3）区间隧道复合衬砌防排水。隧道复合式衬砌防水以二次衬砌混凝土自防水为结构防水根本，在二次衬砌混凝土迎水面布设柔性防水层、无纺布及排水盲管，强调混凝土结构"三缝"处理。复合式衬砌隧道的总体防排水措施有四项：

① 初期支护采用喷、锚、网及钢架格栅联合支护，初期支护设计厚度为35～40cm，喷射混凝土设计抗压强度为20MPa，抗渗强度等级为P6。

② 二次衬砌混凝土采用补偿收缩性的自防水钢筋混凝土，设计厚度为30～35cm。二次衬砌混凝土设计抗压强度为30MPa，抗渗强度等级为P8。

③ 全包防水层采用PVC（聚氯乙烯板）外贴式防水。为起到缓冲和保护作用，在PVC板内外侧各夹设一层无纺布。

④ 在防水层与初期支护之间布设环向、纵向排水盲管作为疏排构架，环向排水盲管规格为70mm×35mm，纵向排水盲管规格为140mm×35mm，环纵向盲管将防水层与初期支护结构之间的渗漏水疏排至洞内泵房或洞外排水沟。

2.1.5 矿山法地铁隧道穿越富水软弱地层施工中易发生的事故

1. 突泥涌水

隧道突泥涌水又称突水，是地下洞室、巷道施工过程中，穿过溶洞发育的地段，尤其遇到地下暗河系统，厚层含水泥沙砾石层，及与地表水连通的较大断裂破碎带等所发生的突然大量涌水现象，它对矿山、隧道等地下工程的施工危害极大。

总结隧道发生突泥涌水事故的主要原因有以下几点：

（1）地下水的力学作用有静水压作用和动水压作用，这两种作用都能使岩体发生水力劈裂，使裂隙连锁增加、张开度增大，从而增加渗透力，使局部隔水屏障作用被突破，地下水位高出，从而形成突泥涌水。

（2）水是突泥涌水灾害发生的最大根源，其次是压力高，隧道一般埋深都比较大，开挖之后，打破了原有的压力平衡，处于高压状态。还有就是不良地质，隧道一般存在长、大、深等特点，沿途经历围岩变化繁多，隧道在穿越溶洞、断层破碎带或接触带、地下河等不良地质时，特别容易发生突泥涌水灾害。

（3）综合来看，"富水、高压、不良地质"三者不利组合是诱发突泥涌水灾害的主要地质条件（图2-6）。

图2-6　隧道突泥涌水现象

2. 塌方

隧道塌方是由多种因素共同诱发，为揭示塌方事故原因的规律性，采用数理统计的方法对已辨识出的风险因素做进一步分析。根据风险因素辨识结果，按照风险来源，首先将风险因素归结为自然因素、人为因素两大类，如图 2-7 所示。对其在事故中出现的频率进行统计。据统计表明，约 96% 的事故伴随有各种不良地质，67% 的事故伴随有水的影响，78% 的事故中含有人为因素的影响。另外有统计表明，与地质相关的风险因素中，围岩破碎软弱地层、结构面产状不利出现频率较高；与水相关的风险因素中，地下水发育、连续降雨降雪出现频率较高。由上述统计结果可知，地质因素是隧道塌方事故发生的主要内在因素（图 2-8），人为因素是隧道塌方事故发生的重要诱发因素。

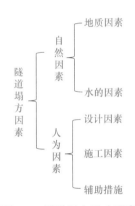

图 2-7　隧道塌方影响因素

图 2-8　富水软弱地层隧道塌方

通过对以上内容进行总结，矿山法隧道在穿越富水软弱地层时，如发生塌方事故，基本是由地质条件恶劣、地下水丰富、地层含水量高所造成的。

2.1.6　矿山法地铁隧道穿越富水软弱地层施工要点

1. 超前支护

众所周知，深圳地区的富水软弱地层属于强透水地层，对于矿山法隧道而言，超前支护措施效果是关系到工程安全的关键，常用的超前支护方法有大管棚、插板法（预切槽）、超前锚杆法和小导管预注浆等，虽然有时也采用预留核心土、分步开挖（如单侧导坑和双侧导坑）并辅以钢架支护和超前小导管注浆支护等多种手段，但这些做法工序多、循环短、效率低，效果也不理想，很难控制围岩变形及地表下沉。

目前的大管棚超前预支护措施，主要是利用管棚与钢拱架组成的棚架体系，利用钢管作为纵向预支撑（梁效应）、钢拱架作为横向环形支撑（拱环效应），构成纵、横向整体刚度较大的支护系统（三维梁拱效应的组合结构），阻止和限制围岩变形，提前承受早期围岩压力，但对于富水砂卵石地层而言，由于降水后地层自稳性较好，此时大管棚的超前预支护机理已经发生了转变。

近年来，由于长距离穿越重大风险源的施工需要，尤其对管棚施工精度有严格要求时，管棚长度与直径越来越大，管棚施工难度也越来越高。根据对相关工程实例的研究分析，富水砂卵石地层中大管棚一次钻进长度不大于 30m 时，成孔精度与施工效果基本可控。但后续地铁线路建设对高精度、超长大管棚的需求越来越迫切，很多地段由于采用超长大管棚施工，效果无法保证，导致区间工法调整，或重大风险源地段增设管棚工作井，极大地增加了工程风险与实施代价。以黏性土与淤泥质土为代表的软土地层，大管棚超前支护作用非常明显（如杭州解放路隧道），但在富水砂卵石地层，考虑到降水后地层具有一定的自稳能力，此时大管棚＋小导管超前支护的方法更有利。

2. 大刚度双曲拱形隧道初期支护结构

初期支护结构应具有较强的整体刚度，在穿越重大风险源地段能够最大限度地减小拱顶位移，满足风险源保护的需要。此时，需要突破常规围岩支护特性曲线的束缚，在围岩应力释放前，施加强力支护，最大限度地维持围岩初始状态。基于此，引用双曲拱形初期支护结构理念，基于纵向曲线形的双曲拱形隧道初期支护结构（图2-9），在隧道纵断面上形成扁形连拱，有效适应荷载分布的变化，实现隧道横向和纵向两个方向的受力优化，将初期支护结构由横断面承载转变到三维空间承载，增加初期支护结构的整体刚度，起到严格控制隧道拱顶沉降变形的目的，满足穿越重大风险源施工的需要。

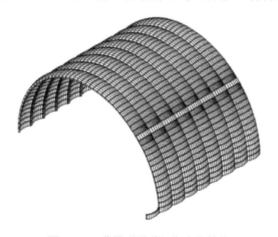

图 2-9　双曲拱形隧道初期支护结构

2.1.7　工程实例分析

1. 武汉地铁广埠屯站—虎泉站区间隧道大里程方向

2010 年 11 月 27 日上午，武汉地铁广埠屯站—虎泉站区间隧道大里程方向在开挖过程中，左线掌子面处突然发生突泥（砂）涌水现象。险情发生后，施工单位当即采取临时封堵等措施，中午时分，掌子面处突泥（砂）涌水险情得到有效控制，隧道初期支护稳定。28 日讨论临时支护措施并加紧抢险施工，临时支护措施为五道扇形工字钢支撑＋素喷混凝土。本次掌子面处突泥（砂）涌水险情未造成人员伤亡和机械损伤，对隧道结构影响较小。

2. 青岛地铁 3 号线君峰路站—西流庄站君西区间左线大里程方向 K21＋595.2 掌子面

2011 年 7 月 17 日 0 时左右，青岛地铁 3 号线君峰路站—西流庄站君西区间左线大里程方向 K21＋595.2 掌子面附近在立钢拱架前拱顶上部出现破碎岩块及沙土坠落现象，第三方监测单位、施工单位、监理单位和业主及时发现情况，并立即组织采取喷射混凝土及沙袋封堵掌子面等措施，但由于涌水量过大，水压强劲，封堵沙袋被冲开，拱顶涌水现象加剧，险情不断恶化，17 日早 6 时左右相应掌子面上方路面塌陷，出现直径约 5m 左右的塌陷坑。

3. 青岛地铁 3 号线江西路车站开挖过程中右线导洞

2012 年 3 月 10 日青岛地铁 3 号线江西路车站开挖过程中右线导洞按 0.5m 进尺。上午 08：00：26 经检查装药无误后爆破，爆破后无异常现象，爆破振速最大值为 1.57cm/s。但当时间至 10：20，掌子面发生塌方，塌方高度为 3～3.5m、宽度为 4～4.5m、长度为 4～4.5m，塌方体约 50m³（图 2-10）。塌方体主要为黄～黄褐色粉质黏性土及砂土，强度较低。

图 2-10　青岛地铁 3 号线江西路车站右线导洞塌方土体

4. 大连地铁试验线交通大学门前 3 号竖井横通道施工掌子面

2011 年 3 月 10 日上午 9 点 30 分，正常施工的大连地铁试验线交通大学门前 3 号竖井横通道施工掌子面顶部突然出现涌水、涌泥、卵石坍塌现象，人行道塌陷，现场失踪一人。坍塌位置是卵石层的富含区，土石方坍塌量约 200m³，距地面大概 17m。

5. 南京地铁机场线在 5a 号井

2012 年 6 月 2 日，南京地铁机场线在 5a 号井进行隧道的正式开挖，施工单位采用大管棚注浆，对洞门位置进行加固，然后于 6 月 6 日正式开挖。在开挖过程中，施工单位发现，区间地质系淤泥质土属于软流塑层（该位置原有一池塘，后因拆迁原因给予回填）。2012 年 6 月 8 日开始上传监测数据，施工方和第三方监测单位上传的监测数据显示地表沉降累计异常。测点 DB4778-1 初始累计沉降为 －104.4mm，10 和 12 日沉降速率分别为 －12.1mm/2d 和 －26.1mm/2d。

6. 广州地铁康王路段

2013 年 1 月 28 日，广州市荔湾区康王路公交站由于地铁施工于下午 1 时许发生地面坍塌，路边危房和商铺直接发生陷落，有 5 家店铺倒塌，坍塌面积约 50m²，深约 9m。当晚 9 时许，地面坍塌现场再次发生塌陷。

通过对以上事故实例分析总结（表2-2），得出：矿山法地铁隧道在穿越富水软弱地层时，容易出现地表塌陷、掌子面塌方、突泥涌水等事故。所以在隧道施工穿越此类地层时应尽量避免爆破开挖，要做好超前支护与超前预报工作，避免事故的发生，确保安全施工。

工程实例事故分析表　　　　　　　　　　　　表2-2

地点	施工方法	事故	事故原因
青岛地铁3号线君峰路站—西流庄站君西区间左线	矿山法	拱顶涌水	地质条件差，土层主要为软弱黏土与砂土，透水性较好，地下水富集
青岛地铁3号线江西路车站右线	矿山法	掌子面塌方	地质条件差，地质条件复杂
武汉地铁广埠屯站—虎泉站区间	矿山法	掌子面处突然发生突泥（砂）涌水	地下水位较高，地质条件较差
大连地铁试验线交通大学门前3号竖井横通道	矿山法	掌子面顶部出现涌水、涌泥、卵石坍塌，地表人行道塌陷	主要由富水砂卵石地层地质特性引起
南京地铁机场线	矿山法	地表沉降异常	地质情况较差，地下水丰富
广州地铁康王路段	矿山法	地表塌陷	地质条件差，爆破施工影响

2.2　超小净距隧道施工特征

超小净距隧道是介于普通分离式隧道与连拱隧道的一种结构形式，由于不受地形条件以及总体线路线形的限制，其较连拱隧道有施工工艺简单、造价较低的特点，愈来愈受到工程界的青睐。但小净距隧道中夹岩柱体厚度远小于普通分离式隧道，小净距隧道的中夹岩的厚度远比普通双洞隧道要小（一般不大于开挖横断面宽度的0.6倍）（表2-3）。目前，超小净距隧道的设计、施工技术难点和重点主要集中在以下五个方面：

隧道间距分类表　　　　　　　　　　　　表2-3

隧道类别	间距
分离式隧道	净距＞开挖断面宽度的2倍
连拱隧道	共用立墙
小净距隧道	净距≤开挖断面宽度的1.5倍
超小净距隧道	净距≤开挖断面宽度的0.6倍

（1）概念的确定。

（2）合理的净距。

（3）支护设计参数的选定。

（4）不同地质条件下各施工方法确定及其优劣的比较。

（5）两隧洞施工时的相互影响以及中夹岩加固技术（图2-11）。

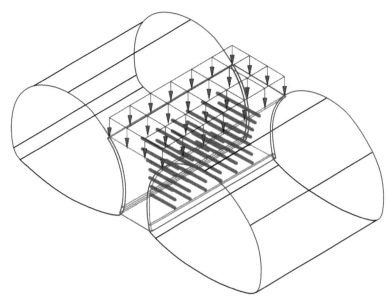

图 2-11 超小净距隧道中夹岩柱体支护图

2.2.1 超小净距隧道的设计施工现状

1. 超小净距隧道的概念

超小净距隧道是近几年在我国高速公路隧道施工中兴起的一种特殊隧道布置形式，是介于普通分离式隧道与连拱隧道的一种结构形式，不受地形条件以及总体线路线形的限制，较之连体型隧道具有施工工艺简单、易于防水处置、造价易于控制的优点。超小净距隧道是净距比普通小净距隧道通常采用的间距还要小的一种特殊隧道结构形式。随着高速公路建设向西部偏远山区的逐步延伸，项目的地形和地质条件越来越复杂，超小净距双洞隧道作为一种新出现的隧道结构形式，虽然施工难度和造价略高于普通小净距隧道，但除具有普通小净距隧道的优势外，还可通过结合连拱隧道组成分岔隧道，几乎使公路隧道的路线方案不受任何地形和地质条件的限制，极大地增加了在困难路段选线的自由度。公路交通、铁路交通、城市地铁以及水利等工程，如内昆线青山隧道、湘黔铁路复线新坪渠隧道、新坪口隧道、新柳潭隧道、宝成复线须家河隧道和深圳、广州、南京、北京等地铁的修建中，均出现了小净距隧道或超小净距隧道及近距离施工和交叉重叠隧道的情形。公路隧道中已建的招宝山隧道、金鸡山隧道、里洋隧道、仙岳山隧道以及拟建的董家山隧道、丰泽街隧道等均采用了小净距隧道形式或超小净距隧道形式。城市超小净距浅埋暗挖隧道开挖方法主要有三台阶七步开挖法、中隔壁法（CD法）、交叉中隔壁法（CRD法）和双侧壁导坑法。

2. 超小净距隧道的合理净距

隧道设计规范对各类围岩级别的最小净距做了规定，但隧道设计往往受地形和公路线形的限制，不同围岩地质条件、施工方法和施工工序等都要考虑不同的净距（表2-4）。在实际工程中，超小净距隧道的净距往往小于规范中所限定的最小净距，并取得了成功，见表2-4。对中间净距的最小可能值与合理间距的研究成为目前讨论的热点。考虑经济性、中加岩的力学稳定等因素，对净距在小范围内的隧道展开可行性研究是很有实际意义的，同时通过数值模拟分析与合理的施工安排，将净距控制在理想范围，也具有较大的应用前景。

常见的超小净距隧道各围岩段最小净距 表 2-4

围岩级别	最小净距	围岩级别	最小净距
Ⅰ	$1.0 \times B$	Ⅳ	$2.5 \times B$
Ⅱ	$1.5 \times B$	Ⅴ	$3.5 \times B$
Ⅲ	$2.0 \times B$	Ⅵ	$4.0 \times B$

注：B 为毛洞开挖宽度。

根据施工实际看，Ⅳ、Ⅴ、Ⅵ级围岩与Ⅰ、Ⅱ、Ⅲ级围岩在支护手段及工程造价上有较大的差异，当Ⅰ、Ⅱ、Ⅲ级围岩占小净距隧道总长的 80% 以上时，双洞最小净距不宜小于 $0.3B$；当Ⅰ、Ⅱ、Ⅲ级围岩占小净距隧道总长的 50%～80% 时，双洞最小净距不宜小于 $0.5B$；当Ⅰ、Ⅱ、Ⅲ级围岩占小净距隧道总长的 50% 以下时，双洞最小净距不宜小于 $0.7B$；当双洞最小净距小于 $0.3B$ 时，宜与连拱隧道比选。

2.2.2 超小净距隧道支护设计参数

超小净距隧道支护参数的研究尚少，总体设计原则是在参考传统分离式隧道的基础上稍稍加强。迄今为止，能作为超小净距隧道支护设计参数的数据，主要是中华人民共和国交通运输部根据重庆交通科研设计院对京福高速公路一期工程的初步研究成果所提出的参数表（表 2-5）。

超小净距隧道支护参数表 表 2-5

项目		支护参数					
		Ⅰ级围岩	Ⅱ级围岩	Ⅲ级围岩	Ⅳ级围岩	Ⅴ级围岩	Ⅵ级围岩
超前支护		—	—	小导管注浆或锚杆	小导管注浆	管棚或小导管注浆	通过试验确定
锚杆	长（m）	需要时设	需要时设	2.5～3.0	3.0～3.5	4.0	
	间距（cm）	120×120	120×120	100×100	100×100	80×80	
中夹岩柱水平对拉锚杆或系统锚杆（cm）		120×120	120×120	100×100	100×100	80×80	通过试验确定
钢架（cm）		—	需要时设	需要时设	80～100（格栅）	80～100（格栅）	
喷射混凝土（cm）		5～8	8～10	10～15	15～20	20～25	

关于超小净距隧道支护参数的研究仍处于初级阶段，尚需通过大量已建和在建工程实践进行分析总结。

2.2.3 超小净距隧道衬砌施工特点

在超小净距隧道衬砌施工中，绝大多数采用复合式衬砌结构形式来对隧道进行衬砌施工。初期支护选用喷射混凝土、钢筋网、超前小导管与格栅拱架或工字钢来进行衬砌（图 2-12），二次衬砌采用全断面液压混凝土衬砌台车，通过混凝土输送泵输送混凝土对二次衬砌进行浇筑。在两次衬砌过程中应注意以下几点：

（1）初喷混凝土应满足设计要求，且型钢钢架内外侧保护层均不小于 35mm。双层设置临时仰拱并进行支护，且临时仰拱的厚度应符合相关设计规范。

（2）钢筋网应与注浆管尾端连接牢固，湿喷混凝土保护层厚度不小于 40mm，应随受喷面的起伏铺设。

（3）格栅钢架全环设置，间距为 0.5m，钢架采用四肢格栅钢架，格栅布置间距可根据地质情况或监测信息予以调整。

（4）超前小导管于拱部 180°范围内设置，在施工小导管时需要注意导管的环向间距、纵向间距及外插角。采用外径 42mm、壁厚 3.5mm、长 3.0m 的无缝钢管，钢管前端呈尖锥状，尾部焊上加强钢筋，钢管尾端应置于钢架腹部，并与格栅钢筋焊接牢固。施工中应利用小导管向地层注浆，注浆浆液采用水灰比 1∶1 的水泥浆，注浆压力为 0.1～0.3MPa。

（5）纵向连接钢筋：纵向每榀格栅之间用 C22 的钢筋连接，内外层交错布置，单侧间距为 1.0m，连接钢筋应与格栅主筋焊接牢固。

（6）二次衬砌支护时应采用达到设计强度的防水钢筋混凝土。

（7）在初期支护与二次衬砌之间全环铺设柔性防水层隔离。

（8）二次衬砌拱部与防水层之间的空隙应压注无收缩水泥浆充填密实，在灌注内衬混凝土时，应预埋注浆管，一般每个断面埋设 2～3 根，纵向间距为 8m，按梅花形布置。

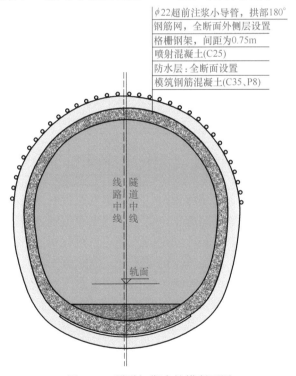

图 2-12　隧道初期支护横断面图

2.2.4　超小净距隧道施工方法

超小净距隧道的各类施工方法，其原则是尽可能保证中夹岩柱范围内不出现塑性区过大或连通现象而影响中夹岩岩体的稳定性。比较超小净距隧道不同地质条件下的施工方法，可提出一般备选方案（表2-6）。

通过大量工程实践，摸索出一些较为成功的单项施工工法或组合施工工法，其中对两种较为有效的方法总结如下：

（1）双洞侧壁导坑法。适用于Ⅴ、Ⅵ级围岩及长隧道净距较小的洞口段围岩施工，主要是为了防止大面积开挖引起围岩变形过大而导致失稳现象的发生。侧壁导坑法已在金鸡山隧道、董家山隧道、招宝山隧道等实践工程中得到充分运用，取得了良好的效果。

（2）上下台阶与侧壁导坑组合法。Ⅲ、Ⅳ级围岩多选用该施工方法，主要考虑：

① 围岩较为稳定，在先行洞中采用上下台阶法，减少了施工工序。

② 后行洞采用侧壁导坑法，便于对中夹岩的加固。

③ 在后行洞已有较好临空面的基础上，爆破效果理想，并可确保中夹岩的稳定。

超小净距隧道施工备选方案　　　　　　　　　　表2-6

围岩级别	施工方法
Ⅰ	超前导坑预留光爆层法
Ⅱ	全断面爆破法
Ⅲ	超前导坑预留光爆层法
	上下台阶法
Ⅳ	上下台阶与正向侧壁导坑组合法
	上下台阶与反向侧壁导坑组合法
	上下台阶法
Ⅴ	单侧壁导坑法
	上下台阶与正向侧壁导坑组合法
Ⅵ	单侧壁导坑法

2.2.5　超小净距隧道的施工难点

在建筑物密集的城市道路下修建隧道时，不可避免地会引起城市道路和周边建筑物的沉降。特别是城市并行小净距隧道的施工，由于并行小净距隧道的整体开挖断面大，左右隧道开挖的相互影响大，往往造成较大的地面沉降。当左右隧道净距太小时，小净距隧道中岩墙围岩容易发生失稳破坏，造成施工的不安全，同时由于左右隧道竖向位移的叠加效应，很可能造成隧道上方道路的沉降过大，进而引发道路周边建筑物的沉降和不均匀沉降过大，造成房屋结构损伤，甚至倾斜倒塌。当左右隧道净距太大时，由于城市地形和施工场地条件的限制，隧道施工很可能穿越周边建筑物的基础结构，对建筑物造成不利影响，同时增加了工程造价。

此外，超小净距隧道对地质条件要求苛刻，Ⅲ级以下围岩很难修建，施工难度高，施工周期比较长。由于超小净距隧道的结构形式和施工技术存在着难以克服的问题，所以在建成后很难保证结构不开裂、不渗不漏。

2.2.6　国内相关工程案例

通过对表2-7中超小净距隧道工程实例的分析总结，得出超小净距隧道的结构安全性既受到地形、地质和地貌等环境因素的制约，又受到隧道断面形状、净距、跨度、支护方案和支护参数等设计因素的制约，还受到开挖方法、开挖顺序和方案等施工因素的制约，很难有统一的设计施工标准。运用统一的标准指导设计和施工过程，结果很可能导致超小净距隧道工程方案偏于保守，造成工程造价居高不下，也可能存在设计和施工不合理或者是安全系数偏小，造成工程失败或者存在质量问题。但超小净距隧道自身也有诸多优点，如充分利用两洞间的围岩自承能力，缩小了隧道之间的间距，从而减少接线项目工作量，以此达到节约工程成本的目的。表2-7为国内部分超小净距隧道工程实例。

部分超小净距隧道工程实例表 表 2-7

地点	名称	净距	区间
成都	成都地铁5号线	2.9m	九兴大道段
广州	广州地铁2号线	3m	南延段
天津	天津地铁2号线	0.98m	靖江路站—顺驰桥站
青岛	青岛地铁1号线	0.6m	西镇站—青岛站
南京	南京地铁2号线	0.309~0.58m	苜蓿园站—小卫街站
十堰	花园隧道	1.8~10.4m	十堰—漫川关段
重庆	北部新区金童路南段道路工程	$0.7D_0$	火风山隧道左右线
深圳	深圳地铁1号线	$0.5~1.2D_0$	科技园白石洲区间双线隧道
南京	南京地铁1号线	1.69~4m	小行站—安德门站区间菊花台2号隧道和南延左线、南延右线隧道
西安	西安地铁1号线	4.247m	枣园北路站—汉城路站区间

注：D_0 为隧道开挖跨度。

1. 成都地铁5号线九兴大道段

（1）工程概况

成都地铁5号线九兴大道站位于高朋大道和九兴大道交叉路口处，为地下2层11.5m宽岛式站台车站，车站沿九兴大道东西向敷设，两侧分别连接神仙树站与科园站。为同时满足双线通常行车和右线车辆调度需求，车站右线设置配线段，配线段总长339.5m，为单列位单停车线，其中包含83m的断面隧道，采用暗挖法施工。场地范围内上覆第四系人工填土层，其下土层主要包括黏质粉土、细砂、稍密~密实卵石、中砂以及强风化泥岩。其中地铁穿过卵石地层，成分以岩浆岩、变质岩类岩石为主。形状以亚圆形为主，少量圆形，磨圆度较好、分选性差，风化程度为中风化~微风化。

（2）施工方法

双线隧道中，左线盾构隧道采用土压平衡盾构掘进，开挖直径约6.28m，采用单层管片衬砌，衬砌内外径分别为6m和5.4m，每环衬砌宽1.5m，由三块标准块、两块邻接块和一块封顶块组成，环间错缝拼装。

2. 北京地铁17号线天通苑东站超小净距群洞

（1）工程概况

北京地铁17号线天通苑东站区间暗挖段结构位于北苑东路正路上，周边居民多，左侧房屋较多，交通流量大，且紧邻地铁17号线天通苑东站，距离地铁17号线天通苑东站约30m，加之地铁在此设置支线和出入段线，因此在此设计成南部为超小净距五线并联隧道，北部为超小净距六线并联隧道。拟建工程位于北京城区东北部平原地区清河故道与温榆河故道河间地块，地貌单位为冲、洪积平原。地形基本平坦，地势起伏较大，现状地面标高为 28.340~39.740m。

（2）施工方法

按照马头门开挖横截面积大小分类，得到在超小净距群洞马头门开挖时，先开挖横截面较大隧道，后开挖横截面较小隧道；在大断面马头门开挖时，应采用双侧壁导坑法进行施工；开挖小断面马头门时，可采用上下台阶法进行施工；对不同施工进尺进行数值模拟计算，得到当施工进尺为 0.5m 时，马头门开挖可兼顾安全性与高效性。

2.3 总结

本章节基于富水软弱砂卵石地层条件，对矿山法隧道实际工程中遇到的地层超前加固、快速支护、隧道拱顶应力释放控制等问题进行深入分析，主要得出以下结论：

（1）基于潜孔锤跟管钻进与高强度合金钢钻头的大管棚施工工艺，基本可满足砂卵石地层高精度超长大管棚施工需求；大管棚超前支护的作用主要表现在隔断施工扰动区域，减小对管棚上方地层自稳能力的影响。

（2）基于降水条件下卵石土地层自稳能力，与微台阶工法相匹配的双曲拱形初期支护结构具有快速封闭、大刚度、整体稳定性强等特点，可有效抑制开挖阶段隧道拱顶位移。

（3）基于洞内以排为主、降排结合的基本思路，采用盲管、集水井（接力井）实现抽排结合的降排水措施，可基本实现无水作业。

（4）多层衬砌结构可有效控制洞内临时支撑拆除阶段隧道拱顶的应力释放，与普通单层衬砌结构相比，在衬砌结构安全性与长期耐久性方面具有明显优势，可在关键工程中推广应用。

第3章 ▶▶
隧道下穿建筑开挖方法分析

3.1 深圳地铁 10 号线益田停车场出入线项目

3.1.1 工程概况

益田停车场出入线暗挖段区间起于福田口岸站西端头，止于出入线盾构接收井兼施工竖井，其中福田口岸站为地下双层车站（图 3-1）。出入线矿山法隧道总长 82.85m，普通段采用初期支护＋二次衬砌复合式衬砌，下穿福田保税区海关 2 层查验楼预应力管桩段采用初期支护＋套拱＋二次衬砌复合式衬砌，均为标准单线单洞断面，线路平面为直线段＋缓和曲线段，线路纵坡坡度为 2‰。通过对益田停车场出入线工程实例的地质条件及施工环境的了解，可知超小净距隧道在地形复杂、地质条件较差的环境下有着诸多优点，例如降低施工总成本、减少对地表建筑物的大面积扰动等。这也是超小净距隧道在地铁隧道中得以广泛运用的原因。

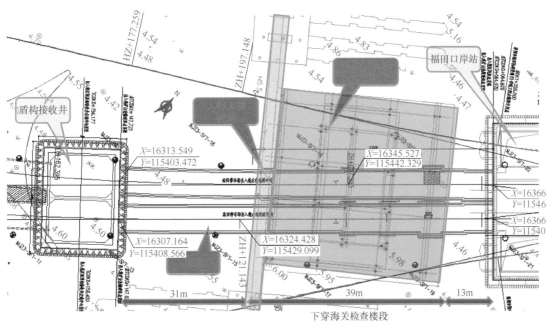

图 3-1　出入线暗挖隧道总平面图

本区间隧道下穿福田保税区海关 2 层查验楼及一处人行天桥，查验楼采用 400mm 直径预应力管桩，部分管桩与隧道冲突，需要截断16根预应力管桩，人行天桥采用400mm直径预应力管桩，有一根与隧道冲突，需截断处理（图3-2）。暗挖隧道主要穿越淤泥质黏性土、含淤泥质砂、砂卵石层、砂土状强风化花岗岩。海关查验楼墙体大样图及基桩完整性分类表如图3-3及表3-1所示。

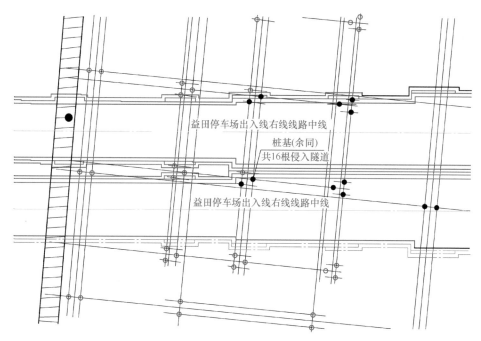

图 3-2　桩基与隧道平面位置关系图

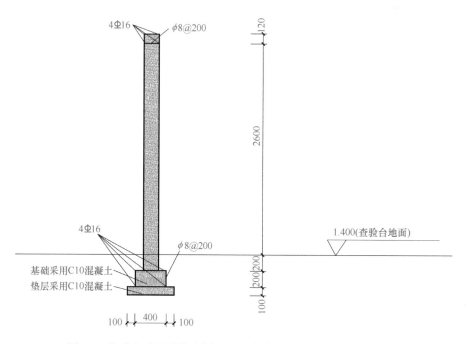

图 3-3　海关查验楼墙体大样图（尺寸单位：mm，高程单位：m）

海关查验楼基桩完整性分类表　　　　　表 3-1

桩身完整性类别	主要特征
Ⅰ类桩	桩身完整，无影响桩基承载力的缺陷
Ⅱ类桩	桩身有轻微缺陷
Ⅲ类桩	桩身有明显缺陷，应核实单桩承载力
Ⅳ类桩	桩身存在严重缺陷，必须进行工程处理

3.1.2　工程地质及水文地质

海冲积平原地貌，地形平坦。上覆第四系全新统人工填土；第四系全新统海冲积淤泥、淤泥质黏性土及砂层；第四系全新统冲洪积粉质黏土，砂层及圆砾、卵石层；第四系残积砂质黏性土；下伏燕山期花岗岩。特殊性岩土有填土、软土和残积土，全强风化岩中存在不均匀风化现象。各土体物理力学参数及场地工程地质概况见表 3-2 及表 3-3。

土体物理力学参数表　　　　　表 3-2

岩土名称	天然重度 γ （kN/m³）	直剪		承载力特征值 f_{ak}（kPa）	渗透系数 k（m/d）
		内摩擦角（°）	黏聚力（kPa）		
素填土	18.6	8.0	10.0	0	0.5
淤泥质黏性土	17.0	2.5	10.0	55	0.001
含淤泥质砂	16.0	20.0	5.0	100	2
中砂	19.6	24.0	—	150	5
粗砂	19.8	28.0	—	200	9
圆砾土	20.0	30.0	—	220	40
卵石土	22.5	38.0	—	500	80
砾质黏性土	19.1	21.0	23.0	200	0.5
全风化花岗岩	19.4	25.0	24.0	350	0.3
砂土状强风化花岗岩	18.9	27.0	25.0	500	0.5
块状强风化花岗岩	22.0	35.0	40.0	800	1.5
中等风化花岗岩	26.0	—	—	1800	1.0

场地工程地质概况表　　　　　表 3-3

岩土名称	岩土状态	厚度（m）	屋顶高程（m）
混凝土	坚硬	0.3	—
人工填土	松散	4.2～5.7	3.880～4.260
含有机质亚黏土	流塑～软塑	1.0～1.4	−0.320～1.150
含有机质粉细砂	松散	1.0～3.0	−0.980～2.550
淤泥质亚黏土	软塑～流塑	3.0～7.2	−1.550～3.980
含有机质亚黏土	软塑	2.1～3.0	−6.640～10.420
含有机质粉细砂	软塑	1.2～3.9	−9.340～12.520

岩土名称	岩土状态	厚度(m)	屋顶高程(m)
粗砂	密实	1.4～2.4	−11.740～13.720
含卵石砾砂	稍密～中密	3.6～4.5	−11.480～14.150
卵石	稍密～中密	1.5	−15.120
砂质亚黏土	可塑～硬塑	0.9～3.5	−15.480～18.650
花岗岩	强风化	1.1～2.1	−16.620～19.550

益田停车场出入线矿山法隧道左线埋深 18～19m，线路纵坡为 2‰，所处地层自上至下依次为素填土、含淤泥质砂、淤泥质黏性土、中砂、粗砂、卵石土、全风化花岗岩、砂土状强风化花岗岩、块状强风化花岗岩（图 3-4）。海关查验楼有 9 根桩基侵入左线隧道，为 C80、φ400mm 预应力管桩，桩长 25m。

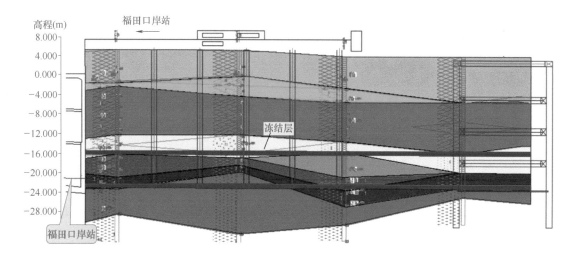

图 3-4　隧道左线地质纵断面图

益田停车场出入线矿山法隧道右线埋深 18～19m，位于 2‰ 的下坡，所处地层自上至下依次为素填土、淤泥质黏性土、含淤泥质砂、卵石土、全风化花岗岩、砂土状强风化花岗岩、块状强风化花岗岩、中等风化花岗岩（图 3-5）。海关查验楼有 8 根桩基、人行天桥有 1 根桩基侵入右线隧道，均为 C80、φ400mm 预应力管桩，桩长 25m。

根据其赋存介质的类型，沿线地下水主要有两种类型：一类是松散岩类孔隙水；另一类为基岩裂隙水，主要赋存于块状强风化、中等风化带中，略具承压性。

根据地温测试结果显示勘察期间沿线地下水水温为 29.93～31.93℃。勘察期间测得地下稳定水位埋深为 1.40～5.90m，高程为 −1.340～2.350m。根据地区经验，地下水位的年平均变化幅度为 0.5～2m。

此工程隧道为单洞单线隧道，采用浅埋暗挖法及喷锚构筑法进行设计，采用复合式衬砌结构，拱部设置超前小导管；初期支护采用喷射混凝土、钢筋网和型钢钢架；二次衬砌采用模筑钢筋混凝土，截桩段在二次衬砌外增设托桩套拱及二次衬砌采用 C45、P8 模筑钢筋混凝土，二次衬砌外侧设置全封闭防水隔离层。隧道洞身主要位

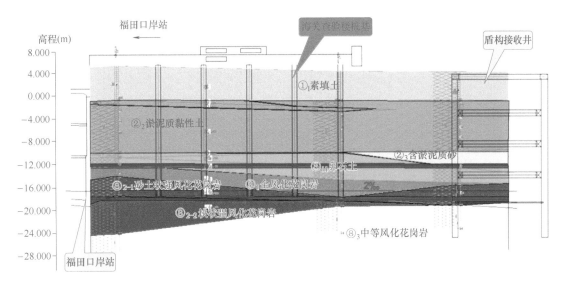

图 3-5　隧道右线地质纵断面图

于淤泥质黏性土、含淤泥质砂、砂卵石层、砂土状强风化花岗岩地层。由于下穿海关查验楼及车道，为了降低隧道开挖风险，控制建筑物、路面及管线沉降为本段隧道施工的重点及难点。海关检查口采用地面袖阀管注浆加固，隧道设计以无水施工开挖为前提，在地面做三排止水旋喷桩形成止水帷幕，洞内进行全断面注浆加固，地面打设降水井降水后再进行开挖。

初期支护材料有：

（1）喷射混凝土：C25、P6 喷射混凝土。

（2）小导管：直径为 42mm 的注浆钢花管（壁厚 3.5mm）。

（3）格栅钢架：I22a 型钢。

（4）钢筋网：直径为 8mm 的 HPB300 钢筋。

（5）锚管：直径为 42mm 的注浆钢花管（壁厚 3.5mm）。

辅助施工支护材料有：

（1）长管棚：直径为 159mm 的热轧无缝钢管（壁厚 8mm）。

（2）小导管：直径为 42mm（壁厚 3.5mm）的热轧钢花管自进式小导管，浆液选用水泥浆液。

（3）止水旋喷桩：42.5 级普通硅酸盐水泥。

（4）水平旋喷桩：42.5 级普通硅酸盐水泥。

（5）降水井：直径为 700mm 的井管降水。

（6）袖阀管注浆：水泥-水玻璃双浆液。

二次衬砌与套拱采用 C45、P10 防水钢筋混凝土，采用 HRB400/HPB300 钢筋。C45 混凝土最大水胶比为 0.40，最大氯离子含量为 0.06%，最大碱含量为 3.0kg/m^3。

隧道支护示意图如图 3-6 所示。

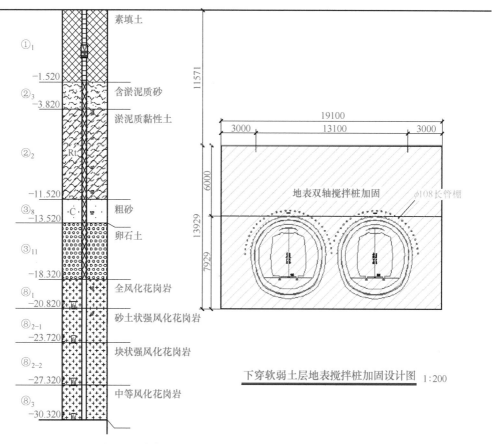

图 3-6 隧道支护示意图（尺寸单位：mm，高程单位：m）

3.2 数值模拟

3.2.1 数值分析方法

在岩土工程中，工程前期经常会运用数值方法来计算和预测相关工程问题，常用的数值分析方法有以下几种：

（1）有限差分法：通过划分网格建立多个求解域，将导数方程进行转换，把微分方程近似成求解未知量的代数方程。有限差分法可以很好地模拟地层的固结沉降。

（2）有限元法：通过假定多个微小单元的近似解，反推出满足方程解条件的值域，将微分函数通过物理近似成变分方程。有限元法在求解非均质、非线性的问题上有优势。

（3）边界元法：通过对定义域的界线进行单元分割，将边界方程离散成代数方程，通过差值法逼近求近似解。边界元法适用于无限域与半无限域中的工程问题。

（4）离散元法：通过对节点和边界间相互关系进行动态模拟，求解两者之间接触和冲击问题，多应用于研究大变形、不连续的岩土工程问题。

数值模拟技术延伸和扩展了人们的认知范围，为研究分析结构破坏机理提供了可视化手段，能够模拟结构变形和受力状况。

3.2.2　数值分析软件介绍

有限元法和有限差分法因其能较好地模拟不连续、非线性、大变形的材料，常常用于分析岩石力学问题。基于这两种方法推出了许多数值分析软件，如 ANSYS、FLAC3D、ABAQUS 等。本节为研究土体位移变形规律，主要运用 FLAC3D 对矿山施工过程进行分析。

FLAC3D 是一款专注于模拟岩土工程的数值模拟软件，其内置 12 个弹塑性本构模型，具有动力、静力等 5 种相互耦合的计算模式，可以模拟多种土体力学行为。FLAC3D 可以模拟材料实体（如梁、桩等）和人工结构（衬砌、板桩等）等多种结构，还可以利用界面单元模拟节理等边界。此外，FLAC3D 可以编译特殊命令满足特定的本构模型与参数，对于复杂的模型，可以实现软件对接导入。

FLAC3D 模拟过程分为三步：第一步，根据具体工程状况建立模型，形成有限差分网格；第二步，对于不同的网格单元赋予具体材料参数，定义合适的本构关系；第三步，确定初始条件和边界约束。通过以上操作，最后进行求解并处理数据。

FLAC3D 相比其他有限元软件有以下优点：

（1）相比"离散集成法"，"混合离散法"在模拟塑性材料变形破坏时更为精确、合理。

（2）无论是否为动态模拟，软件都采用动态方程计算。

（3）运用显式法计算，通过叠加微小变形得到大变形，避免了运用大变形本构模型出现的问题。

虽然 FLAC3D 在岩土工程模拟中得到广泛应用，但是软件也存在诸多不足：

（1）对于不同的网格设计尺寸，模型求解时间差距可能会很大，因此要合理地划分单元。

（2）在考虑到时间效应对结构的影响时，需求模拟时间比较长。

（3）在前期处理过程中，如果模型复杂，则建立较为困难。

目前，利用有限元法对矿山法施工过程进行三维数值模拟已相当成熟，数值模拟的重点在于选择一种恰当的本构模型。通过试验得出岩土弹塑性曲线，进一步推导出土体应力-应变相互关系的数学表达式，即为岩土本构模型。不同的材料，其应力与应变之间的关系也有所差异，只有根据材料特性合理地选择本构模型，才能得出较为满意的结论和准确解。

在 FLAC3D 中有三大类本构模型，分别为空模型、弹性模型和塑性模型。该模型主要用来表示土体的移除，且模型区域应力为零，同时该模型也可以模拟转换成其他材料。弹性模型分为各向同性、横观各向同性与正交各向异性三种模型，可以描述具有不同应力-应变线性关系的材料模型。塑性模型主要有摩尔-库仑模型、德鲁克-普拉格模型等，用来描述那些受到屈服破坏无法恢复原状的材料。

土层开挖后，土颗粒产生变形，应力-应变曲线呈线性关系；最后荷载达到临界点，土体屈服超过极限，岩土受到剪切破坏，应力-应变关系由弹性阶段过渡到塑性阶段。屈服准则是判断材料是否进入塑性区的标准，不同材料的屈服点不同，适用的屈服准则也不一样。摩尔-库仑准则在岩土工程模拟中被认为是最通用的屈服准则，经典摩尔-库仑模型是一种在偏平面上为六角形屈服面的模型，材料受到屈服的剪应力大小取决于最大主应力与最小主应力，具体表达式如下所示。

摩尔形式屈服表达式：

$$\tau - \sigma \tan\varphi - c = 0 \tag{3-1}$$

库仑形式屈服表达式：

$$(\sigma_1 - \sigma_3) - (\sigma_1 + \sigma_3)\sin\varphi - 2c\cos\varphi = 0 \tag{3-2}$$

式中：σ 为剪切面上的正应力；τ 为剪切面上的剪应力；c 为岩土类材料的黏聚力；φ 为岩土类材料的摩擦角；σ_1、σ_3 分别为最大主应力与最小主应力。

采用应力张量的第一不变量 I_1、偏应力张量的第二不变量 J_2 和应力罗德角 θ_σ 表达的摩尔-库仑模型的屈服表达式为：

$$\sqrt{J_2}\left(\cos\theta_\sigma - \frac{\sin\theta_\sigma}{\sqrt{3}}\sin\varphi\right) + \frac{1}{3}I_1\sin\varphi - c\sin\varphi = 0 \tag{3-3}$$

用平均应力 p、广义剪应力 q 表达的摩尔-库仑模型的屈服表达式为：

$$p\sin\varphi + \frac{1}{\sqrt{3}}\left(\cos\theta_\sigma - \frac{\sin\theta_\sigma}{\sqrt{3}}\sin\varphi\right)q - c\cos\varphi = 0 \tag{3-4}$$

3.2.3　数值计算模型

根据深圳地铁 10 号线益田出入线设计方案，按照矿山法的开挖和支护工艺，建立的隧道和支护模型如图 3-7 所示。其中岩土体采用的是摩尔-库仑本构模型，钢拱架采用的是 Liner 结构单元，管棚支护采用的是 Cable 结构单元。隧道开挖左线先期开挖，在本章不考虑桩基的托换过程。

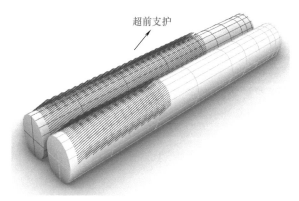

超前支护

图 3-7　隧道和支护模型

3.2.4　不同净距对隧道开挖的影响

对于超小净距隧道开挖，中墙的稳定性对隧道的整体稳定性具有重要的影响。为此中墙厚度采用 0.6m、0.8m 和 1.04m 进行数值分析。建立的模型如图 3-8 所示。采用简化开挖的方式，第一步左洞开挖 20m，第二步左洞和右洞同时开挖 20m。

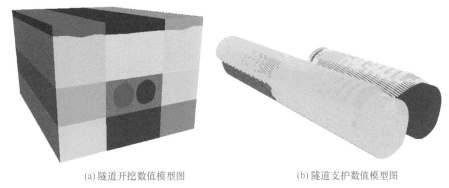

(a) 隧道开挖数值模型图　　　　　　　　(b) 隧道支护数值模型图

图 3-8　隧道开挖和支护数值模型图

图 3-9 至图 3-11 为不同中墙间距下地层竖向应力分布图。由图可知，在进行了管棚支护和衬砌后，隧道拱顶的应力出现了较好的重分布。中墙上部存在一定的应力集中，约为初始地应力的 2 倍左右。中墙间距在 0.6～1.04m 时，中墙受到的最大应力并未出现大幅值的改变。

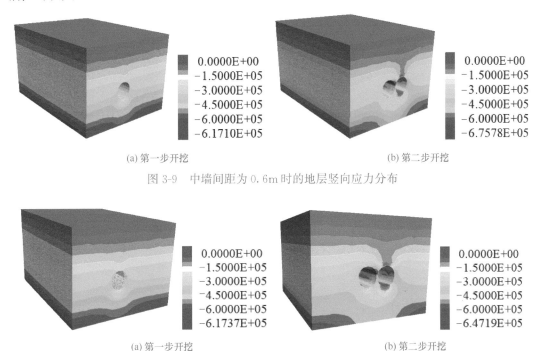

(a) 第一步开挖　　　　　　　　　　　(b) 第二步开挖

图 3-9　中墙间距为 0.6m 时的地层竖向应力分布

(a) 第一步开挖　　　　　　　　　　　(b) 第二步开挖

图 3-10　中墙间距为 0.8m 时的地层竖向应力分布

3.2.5　考虑地下水的隧道开挖过程数值模拟

假设隧道开挖的最不利情况，地下水面位于地面。此时生成的地层水压场分布如图 3-12 所示。本次模拟的开挖步骤采用第一步左洞开挖 20m、第二步左洞和右洞同时开挖 20m。图 3-13 为第一次开挖后孔隙水压力、地层竖向应力及支护受力状态图，由图可知，第一次开挖后，孔隙水压力场变化不大，在现有支护方式下，隧道也并未出现明显的应力

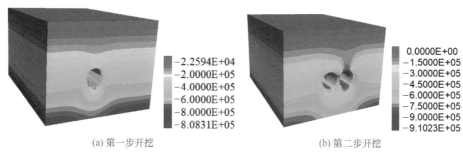

(a) 第一步开挖　　　　　　　　　　　　(b) 第二步开挖

图 3-11　中墙间距为 1.04m 时的地层竖向应力分布

集中。衬砌单元上部和底部受到压力，而中间部分受到的不利荷载主要是剪切力。管棚支护的最大拉力为 132kN。

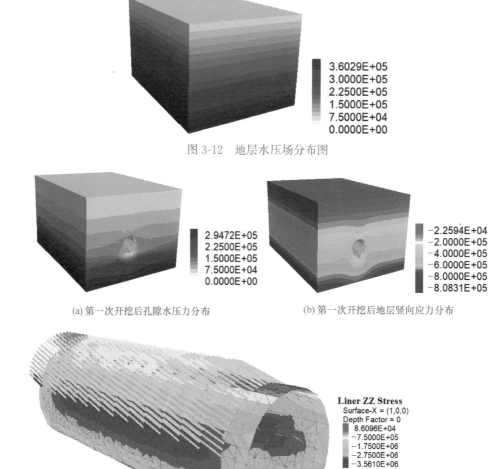

图 3-12　地层水压场分布图

(a) 第一次开挖后孔隙水压力分布　　　　　　　(b) 第一次开挖后地层竖向应力分布

(c) 第一次开挖后支护受力分布

图 3-13　第一次开挖后孔隙水压力、地层竖向应力及支护受力状态图

图 3-14 为第二次开挖后孔隙水压力、地层竖向应力及支护受力状态图，由图可知，第二次开挖后，中墙的孔隙水压力场比同深度地层的孔隙水压力大，说明在有地下水的情况下需要考虑中墙由于开挖造成的孔隙水压力增大的现象，也说明了中墙在地下水的作用下发生失稳的可能性较高。当为砂土或者淤泥质土时，需要对其采用注浆加固的方式提高强度。在现有支护方式下，隧道并未出现明显的应力集中，但是右洞开挖后，其拱顶的压力又恢复至原有地应力水平。中间隔墙仍出现一定的应力集中，约为原地应力的 1.5 倍。说明隧道开挖后，中间隔墙的应力和孔隙水压力同时发生集中现象。衬砌单元同样为上部和底部受到压力，而中间部分受到的不利荷载主要是剪切力。管棚支护的最大拉力增大至204kN 左右。

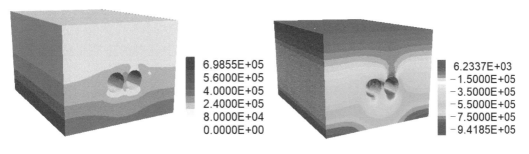

(a) 第二次开挖后孔隙水压力分布　　　　　(b) 第二次开挖后地层竖向应力分布

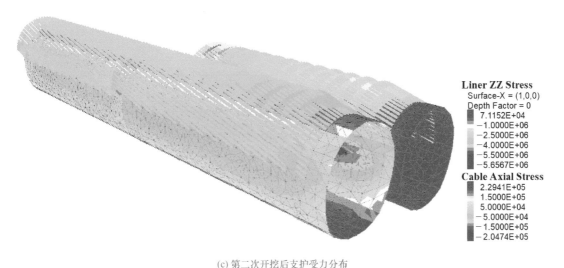

(c) 第二次开挖后支护受力分布

图 3-14　第二次开挖后孔隙水压力、地层竖向应力及支护受力状态图

3.3　总结

本章主要介绍了深圳地铁 10 号线益田停车场出入线项目的现状和工程特点，梳理了矿山法和超小净距隧道的设计施工工艺的主要特点，提出了超小净距隧道施工的主要难点，结合有限差分数值模拟，对隧道下穿建筑物的开挖工法进行了分析。同时以深圳地铁

10 号线益田停车场出入线项目为背景，对隧道开挖过程以及地下水的作用特征进行了数值分析，得到的主要结论如下：

（1）利用有限差分数值模拟方法对深圳地铁 10 号线益田停车场出入线矿山法开挖过程进行了模拟分析。模拟结果表明，中墙间距为 0.6～1.04m 时，中墙受到的最大应力并未出现大幅度的改变。

（2）考虑地下水渗流的情况，开挖后，中墙的孔隙水压力比同深度地层的孔隙水压力大，说明在有地下水的情况下，需要考虑中墙由于开挖造成的孔隙水压力增大的现象，也说明了中墙在地下水的作用下发生失稳的可能性随之增大。当地层为砂土或者淤泥质土时，需要采用注浆加固的方式提高强度。

（3）在隧道下穿建筑工程中，当左洞和右洞同时开挖时，中间隔墙仍出现一定的应力集中，约为原地应力的 1.5 倍。说明隧道开挖后，中间隔墙的应力和孔隙水压力同时发生集中现象。衬砌单元同样为上部和底部受到压力，而中间部分受到的不利荷载主要是剪切力。

（4）在现有支护方式下，隧道并未出现明显的应力集中，但是右洞开挖后，其拱顶的压力又恢复至原有地应力水平。中间隔墙仍出现一定的应力集中，约为原地应力的 1.5 倍。

第4章 ▶▶

地上建筑物附加荷载与隧道结构之间的相互影响

　　地表或地下的既有结构物作为地层的附加刚度和附加荷载，会影响邻近的隧道开挖与支护，并且有些隧道在施工的时候不得不从既有结构基础附近穿过，隧道开挖将受到建筑物基础荷载的影响，建筑物基础上的荷载增加将会增加土体与隧道的变形，改变隧道周围土体的应力分布，从而影响隧道开挖和支护过程中的受力状态，进而影响隧道结构的安全。对隧道结构造成影响的荷载可按表 4-1 分类。

荷载分类　　　　　　　　　　　　　　　　　　　表 4-1

荷载分类		荷载名称
永久荷载		结构自重
		地层压力
		结构上部和破坏棱体范围内的设施及建筑物压力
		水压力及浮力
		永久荷载
		混凝土收缩及徐变影响
		预加应力
		设备重量
		地基下沉影响
可变荷载	基本可变荷载	地面车辆荷载及其动力作用
		地面车辆荷载引起的侧向土压力
		地铁车辆荷载及其动力作用
		人群荷载
	其他可变荷载	温度变化影响
		施工荷载
偶然荷载		沉船、抛锚或河道疏浚产生的撞击力等灾害性荷载及人防荷载

4.1　荷载传递形式与影响

4.1.1　浅基础承载力传递形式及影响因素

　　基础上部构筑物传来的荷载（集中荷载和分布荷载）通过基础与地基的接触面，传入地基持力层中，其荷载传递机理，实际就是附加应力在地基持力层中分布扩散（图 4-1）。

浅基础建筑荷载对隧道的影响，主要包括土层因素、隧道埋深、浅基础与隧道的水平距离及浅基础荷载的大小等对隧道的影响。

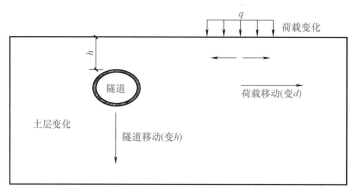

图 4-1　受力变形示意图

h—隧道拱顶埋深；d—加载距离

4.1.2　桩基础承载力传递形式及影响因素

基础的功能在于把荷载传递给地基土。作为桩基主要传力构件的桩是一种细长的杆件，它与土体的接触面主要为侧面，底面积只占桩与土体接触总面积的一小部分（一般低于 1%），这就意味着桩主要通过桩侧界面向土体传递荷载。随着桩基础上竖向荷载的不断增加，桩周土体将在横向和纵向方向上运动。这些运动将在隧道上产生额外沉降，可能导致隧道渗水漏泥、局部管片结构会出现破坏等现象。

4.1.3　浅、桩基础荷载对隧道结构的影响

浅基础荷载对隧道结构的影响因素主要有基础荷载离隧道的距离、基础荷载作用长度、基础荷载应力变化、土层因素、隧道埋深、地面荷载的增加等。

（1）基础荷载离隧道的距离对隧道上方的地表沉降影响较小，但对隧道附近地层位移和应力的影响较大，距离越近，位移和应力越大。

（2）基础荷载作用长度及基础荷载应力变化对隧道上方的地表沉降没有多大影响，但对隧道附近地层的位移和应力影响较大。

（3）土层因素分析表明，土层的压缩模量越大，浅基础荷载作用对隧道结构的影响越小。

（4）随着隧道埋深的增大或浅基础距离的增加，浅基础荷载作用也会对隧道结构造成一定的影响。

（5）地面荷载的增加，会导致隧道水平及竖向位移均逐渐增大，对隧道结构造成一定的影响。

桩基础荷载对隧道结构的影响可划分为单桩和群桩基础荷载对隧道结构的影响。

单桩基础荷载对隧道结构的影响：

对摩擦单桩或端承单桩来说，其基础荷载对隧道开挖的影响很小。只有当荷载应力很

大且离隧道很近时，才会对隧道附近地层的竖向应力产生一定的影响。

群桩基础荷载对隧道结构的影响：

（1）基础荷载对隧道上方的地表沉降影响较小，但对隧道附近地层位移和应力的影响较大，距离越近，位移和应力越大。

（2）就桩入土深度而言，摩擦桩与端承桩对隧道的影响是不同的，这和它们的作用机理有关。摩擦桩基础作用在地层中的总荷载量是逐渐增大的，它对隧道上方的地表位移影响较小，但在一定范围内对隧道附近地层位移和应力的影响较大，桩入土深度越大，隧道附近地层的位移和应力就越大；而端承桩基础作用在地层中的总荷载量是不变的，因此它对隧道的影响就比较小，随着桩基础入土深度的不断增加，隧道附近地层水平和纵向应力基本保持稳定，但竖向应力却逐渐减小。

（3）基础荷载应力大小对隧道上方的地表位移及隧道附近地层位移没有多大影响，但对隧道附近地层应力的影响较大，应力越大，隧道附近地层的应力就越大。

4.2　隧道开挖对桩承载力和变形的影响

4.2.1　桩的荷载传递

在桩顶轴向荷载作用下，桩身将发生弹性压缩，同时桩顶荷载通过桩身传递到桩底，致使桩底土层也发生压缩变形，这两者之和构成桩身轴向位移。由于桩与桩周土体紧密接触，当桩相对于土有向下位移时，将产生土对桩向上作用的桩侧摩阻力。在桩顶荷载沿桩身向下传递的过程中，必须不断地克服这种摩阻力，故桩身截面轴向力随深度逐渐减小，传至桩底截面的轴向力为桩顶荷载减去全部桩侧摩阻力，它与桩端阻力（即桩底支承反力）大小相等、方向相反。桩通过桩侧摩阻力和桩端阻力将荷载传递给土体。或者说，土对桩的支撑力由桩侧摩阻力和桩端阻力两部分组成。

如图 4-2 所示，竖向单桩在桩顶轴向力 $N_0 = Q$ 的作用下，桩身任一深度 z 处横截面上所引起的轴向力 N_z 将引起截面向下的位移 δ_z，桩端下沉 δ_l，导致桩身侧面与桩周土之间发生相对滑移，其大小制约着土对桩侧向上作用的摩擦阻力 τ_z 的发挥程度。

由深度 z 处桩段微元 dz 上力的平衡条件：

$$N_z - \tau_z u_p dz - (N_z + dN) = 0 \tag{4-1}$$

据上式可得桩侧摩阻力 τ_z 与桩身轴力 N_z 的关系为：

$$\tau_z = -\frac{1}{u_p} \cdot \frac{dN_z}{dz} \tag{4-2}$$

式中：τ_z 为桩侧单位面积上的荷载传递；u_p 为桩的周长。

桩底的轴力 N_l 即为桩端阻力 Q_p，而桩侧总阻力 $Q_s = Q - Q_p$。

桩身截面位移 δ_z 为桩顶位移 $\delta_0 = s$ 与 z 深度范围内的桩身压缩量之差，所以

$$\delta_z = s - \frac{1}{A_p E_p} \int_0^z N_z dz \tag{4-3}$$

式中：A_p 及 E_p 分别为桩身横截面面积和弹性模量，若取 $z = f$，则上式变为桩端位移（即桩的刚体位移）表达式。

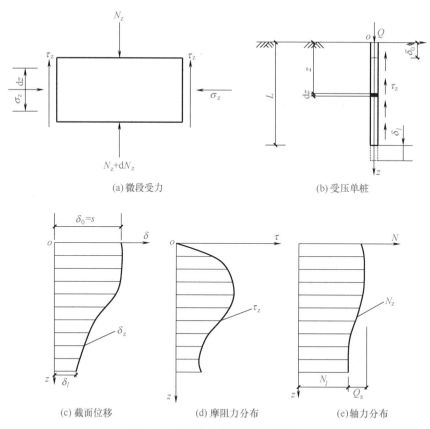

(a) 微段受力　　　　　　　　(b) 受压单桩

(c) 截面位移　　　　(d) 摩阻力分布　　　　(e) 轴力分布

图 4-2　单桩轴向荷载传递示意图

单桩静载荷试验时，还可通过沿桩身预先埋设的应力量测元件（传感器），获得桩身轴力 N_z 分布图，再利用式（4-2）及式（4-3）做出桩侧摩阻力 τ_z 和桩身截面位移 δ_z 的分布图。

4.2.2　桩侧摩阻力和桩端阻力

随着桩顶荷载的逐级增加，桩截面的轴力、位移和桩侧摩阻力不断变化。起初 Q 值较小，桩身截面位移主要发生在桩身上段，Q 主要由上段桩侧摩阻力承担。当 Q 增大到一定数值时桩端产生位移，桩端阻力开始发挥作用，直到桩底承力层破坏，无力支承更大的桩顶荷载，即桩处于承载力极限状态。

桩的极限荷载等于桩侧摩阻力极限值与桩端阻力极限值之和，但两者并不在同一时刻发生，因为它们的发挥程度与桩土间的变形性状有关，各自达到极限值时所需的位移量是不相同的。根据试验资料可知，桩土间有微小的相对位移时，沿桩身就会产生桩侧摩阻力，达到摩阻力极限值时所需的相对位移基本上只与土体的类别有关，一般黏性土约为 4~6mm，砂土约为 6~10mm。

桩端阻力的发挥不仅滞后于桩侧摩阻力，而且其充分发挥所需的桩底位移值比桩侧摩阻力达到极限值所需的相对位移值大得多，根据小型桩试验结果可知，对于桩底极限位移，砂土类为（0.08~0.1）d，一般黏性土为 $0.25d$，硬黏性土为 $0.1d$。

桩侧摩阻力的大小和分布决定了柱身轴力随深度的变化。桩侧极限摩阻力可用类似于土的抗剪强度的库仑公式表达，即它与桩侧表面的法向应力有关，随深度的变化而不同。砂土中的模型桩试验表明，在桩入土深度为（5～10）d 范围内，桩侧摩阻力随深度线性增长，超过此临界深度值以后，桩侧摩阻力不再随深度增加，接近于均匀分布，此现象称为桩侧摩阻力的深度效应。而黏土中的挤土桩，桩侧摩阻力的分布近乎抛物线，桩身中段处较大，为了简化，可近似假设挤土桩的桩侧摩阻力在地面处于零，沿桩入土深度呈线性分布。而对于非挤土桩，近似假设桩侧摩阻力沿桩身均匀分布。

与桩侧摩阻力的深度效应相似，当桩端入土深度小于某一临界深度时，极限桩端阻力随深度线性增长，但大于此深度后桩端阻力保持不变。一般对于砂土类，临界深度为（3～10）d，密度大取值高；对于粉土和黏性土，临界深度为（2～6）d。有关资料表明，侧阻与端阻的临界深度之比为 0.3～1.0，对于侧阻和端阻的深度效应问题有待进一步研究。

值得注意的是，桩的侧阻和端阻的发挥与桩底土层的性质和桩的长径比有很大关系。如支承在坚硬土或岩层上的柱桩，因桩身强度大、变形小，桩顶位移很小时端阻就能充分发挥，此时侧阻的发挥作用尚小；而对于长桩（$f/d>25$）。因桩身压缩变形大，当侧阻已充分发挥时，桩端反力尚未发挥，且桩顶位移可能已超出实用要求的范围，此时传递到桩端的荷载极为微小。所以，对于很长的桩，实际上一般为摩擦型桩，用扩大桩端直径来提高承载力是徒劳的。因此，在确定桩的承载力时，应综合考虑各种因素的影响。

4.2.3　单桩的破坏形式

单桩在轴向荷载作用下，其破坏模式主要取决于桩周土的抗剪强度、桩端支承情况、桩的尺寸以及桩的类型等条件。

1. 屈曲破坏

当桩底支承在坚硬的土层或岩层上，桩周土层极为软弱，桩身无约束或侧向抵抗力。桩在轴向荷载作用下，压杆出现纵向挠曲破坏。荷载沉降关系 Q-s 曲线为急剧破坏的陡降型，其沉降量很小，具有明确的破坏荷载（图 4-3）。桩的承载力取决于桩身的材料强

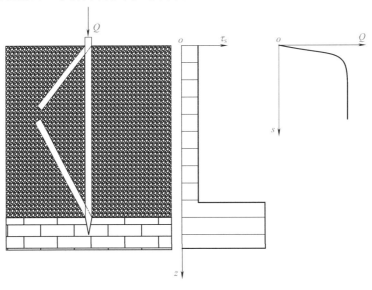

图 4-3　单桩屈曲破坏图

度，穿越深厚淤泥质土层中的小直径端承桩或嵌岩桩、细长的木桩等多属于此类破坏。

2. 整体剪切破坏

当具有足够强度的桩穿越抗剪强度较低的土层，且桩的长度不大时，桩在轴向荷载作用下，由于桩底上部土层不能阻止滑动土楔的形成，桩底土体形成滑动面而出现整体剪切破坏。此时桩的沉降量较小，桩侧摩阻力难以充分发挥，主要荷载由桩端阻力承受，$Q\text{-}s$曲线可能为陡降型，呈现出明确的破坏荷载（图 4-4）。一般打入式短桩、钻孔短桩等均属于此类破坏。

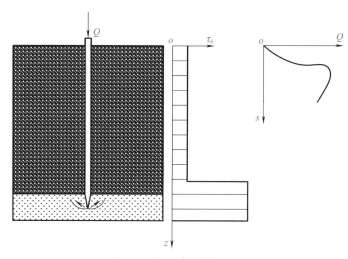

图 4-4　单桩整体剪切破坏图

3. 刺入破坏

当桩的入土深度较大或桩周土层抗剪强度均匀时，桩在轴向荷载作用下将出现刺入破坏（图 4-5），此时桩顶荷载主要由桩侧摩阻力承受，桩端阻力极微，桩的沉降量较大。一般当桩周土质较软弱时，$Q\text{-}s$曲线为"渐进破坏"的缓变型，无明显拐点，极限荷载难以判断，桩的承载力主要由上部结构所能容许的极限沉降 s_u 确定；当桩周土的抗剪强度

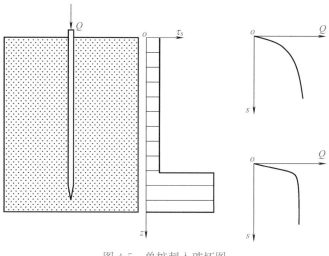

图 4-5　单桩刺入破坏图

较高时，$Q\text{-}s$ 曲线可能为陡降型，有明显拐点，桩的承载力主要取决于桩周土的强度，一般情况下的钻孔灌注桩多属于此种情况。

4.2.4　群桩承载力与沉降

实际工程中，除少量大直径桩基础为单桩基础（采用 1 根桩承受和传递上部结构荷载）外，一般都是群桩基础（由 2 根及以上基桩组成的桩基础）。竖向荷载下的群桩基础，各桩的承载力发挥和沉降性状往往与相同情况下的单桩有显著差别；承台底产生的土反力也将分担部分荷载，因此，在设计时必须综合考虑，以合理确定桩基的竖向承载力设计值。

群桩效应是指群桩基础受竖向荷载作用后，由于承台、桩和地基土的相互作用，使其桩端阻力、桩侧摩阻力、沉降等性状发生变化。而与单桩明显不同，承载力往往不等于各单桩之和，沉降量则大于单桩的沉降量。群桩效应受土性、桩距、桩数、桩的长径比、桩长与承台宽度比、成桩类型和排列方式等多个因素的影响而变化。

1. 摩擦型群桩基础

对于摩擦型群桩基础，群桩主要通过每根桩侧的摩擦阻力将上部荷载传递到桩周及桩端土层中，且一般假定桩侧摩阻力在土中引起的附加应力按某一角度沿桩长向下扩散分布，至桩端平面处，压力分布如图 4-6 中阴影部分所示。当桩数少、桩中心距 S_0 较大时，例如 $S_0 > 6d$，桩端平面处各桩传来的压力互不重叠或重叠不多，此时群桩中各桩的工作情况与单桩一致，故群桩的承载力等于各单桩承载力之和。但当桩数较多、桩距较小时，如桩距为 $(3\sim4)d$ 时，桩端处地基中各桩传来的压力将相互重叠，桩端处压力比单桩时大得多，桩端以下压缩土层的影响深度也比单桩要大。此时群桩中各桩的工作状态与单桩的工作状态迥然不同，其承载力小于各单桩承载力的总和，沉降量则大于单桩的沉降量。显然，若限制群桩的沉降量与单桩沉降量相同，则群桩中每一根桩的平均承载力就比单桩时要低，即群桩效应系数小于 1。

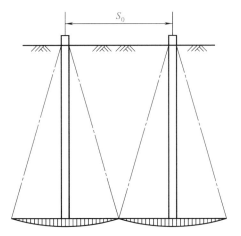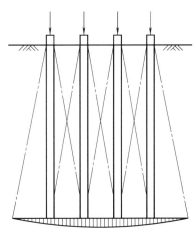

图 4-6　压力分布图

2. 端承型群桩基础

对于端承型群桩基础，由于持力层坚硬，桩顶沉降较小，桩侧摩阻力不易发挥，桩顶荷载基本上通过桩身直接传到桩端处土层上。而桩端处承压面积很小，各桩端的压力彼此互不影响，因此可近似认为端承型群桩基础中各基桩的工作性状与单桩基本一致；同时，由于桩的变形很小，桩间土基本不承受荷载，群桩基础的承载力就等于各单桩的承载力之和，群桩的沉降量也与单桩基本相同，即群桩效应系数等于1。

国内外大量工程实践和试验研究结果表明，采用单一的群桩效应系数不能正确反映群桩基础的工作状况，低估了群桩基础的承载能力。主要原因：一是群桩基础的沉降量只需满足建筑物桩基变形允许值的要求，无需按单桩的沉降量控制；二是群桩基础中的一根桩与单桩的工作条件不同，极限承载力也不一样。由于群桩基础成桩时桩侧土体受挤密的程度高，潜在的侧阻大，桩间土的竖向变形量比单桩时大，故桩与土的相对位移减小，影响侧阻力的发挥。通常，砂土和粉土中的桩基，群桩效应使桩的侧阻力提高；而黏性土中的桩基，在常见桩距下，群桩效应往往使侧阻力降低。考虑群桩效应后，桩端平面处压应力增加较多，极限桩端阻力相应提高。

3. 承台下土对荷载的分担作用

桩基在荷载作用下，由桩和承台底地基土共同承担荷载，构成复合桩基础。复合桩基础中，承台底分担荷载的作用随桩群相对于地基土向下位移幅度的加大而增强。为了保证台底与土体保持接触而不脱开，并提供足够的土阻力，则桩端必须贯入持力层，促使群桩整体下沉。此外，桩身受荷压缩，产生桩-土相对滑移，也使基底反力增加。

研究表明，承台底土反力比平板基础底面下的土反力要小（由于桩侧土因桩的竖向位移而发生剪切变形所致），其大小及分布形式随桩顶荷载水平、桩径、桩长比、台底和桩端土质、承台刚度以及桩群的几何特征等因素而变化。通常，台底分担荷载的比例为10%～50%。

刚性承台底面土反力呈马鞍形分布。若以桩群外围包络线为界，并将台底面积分为内外两区，则内区反力比外区小而且比较均匀，桩距增大时内外区反力差明显降低。台底分担的荷载总值增加时，反力的塑性重分布不显著，而保持反力基本不变。利用台底反力分布的上述特征，可以通过加大外区与内区的面积比来提高承台分担荷载的份额。

设计复合桩基时应注意：承台分担荷载是以桩基的整体下沉为前提，故只有在桩基沉降不会危及建筑物的安全和正常使用，且台底不与软土直接接触时，才宜于开发利用承台底土反力的潜力。因此，在下列情况下，通常不能考虑承台的荷载分担效应：

（1）承受经常出现的动力作用，如铁路桥梁桩基。

（2）承台下存在可能产生负摩擦力的土层，如湿陷性黄土、欠固结土、新填土、高灵敏度软土以及可液化土，或由于降水，地基土固结而与承台脱开。

（3）在饱和软土中沉入密集桩群，引起超静孔隙水压力和土体隆起，随着时间的推移，桩间土逐渐固结下沉而与承台脱离等。

4. 群桩效应系数

群桩效应系数是用以度量构成群桩承载力的各个分量因素因群桩效应而降低或提高的幅度指标。基桩侧阻、端阻、承台底土阻力的群桩效应系数分别定义为：

侧阻群桩效应系数：

$$\eta_s = \frac{群桩中基桩平均极限侧阻力}{单桩平均极限侧阻力} \tag{4-4}$$

端阻群桩效应系数：

$$\eta_p = \frac{群桩中基桩平均极限端阻力}{单桩平均极限端阻力} \tag{4-5}$$

侧阻、端阻综合群桩效应系数：

$$\eta_{sp} = \frac{群桩中各基桩平均极限端阻力}{单桩极限承载力} \tag{4-6}$$

承台底土阻力群桩效应系数：

$$\eta_c = \frac{群桩承台底平均极限土阻力}{承台底地基土极限承载力标准值} \tag{4-7}$$

4.2.5 桩基承载力计算

根据桩基承载能力和正常使用极限状态，桩基设计时应进行以下计算和验算。

1. 桩顶作用效应

桩顶作用效应分为荷载效应和地震作用效应，相应的作用效应基本组合分为荷载效应基本组合和地震效应组合。

（1）基桩桩顶荷载效应计算

对于一般建筑物和受水平力较小的高大建筑物，当桩基中桩径相同时，通常可假定：①承台是刚性的；②各桩刚度相同；③x、y 是桩基平面的惯性主轴。按下列公式计算基桩的桩顶作用效应（图 4-7）：

轴心竖向力作用下：

$$N_i = \frac{F+G}{n} \tag{4-8}$$

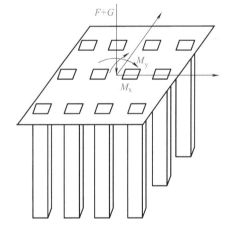

偏心径向力作用下：

$$N_i = \frac{F+G}{n} + \frac{M_x y_i}{\sum y_i^2} + \frac{M_y x_i}{\sum x_i^2} \tag{4-9}$$

水平力作用下：

$$H_i = H/n \tag{4-10}$$

式中：F 为作用于承台顶面的竖向力设计值。

G 为承台及上土的自重设计值（自重荷载分项系数，当其效应对结构不利时取 1.2，有利时取 1.0）；地下水位以下部分应扣除水的浮力。

N_i 为偏心竖向力作用下第 i 根复合基桩或基桩的竖向力设计值。

M_x、M_y 分别为作用于承台底面通过桩群形心的 x、y 轴的弯矩设计值。

x_i、y_i 分别为第 i 根复合基桩或基桩分别至 x、y 轴的距离。

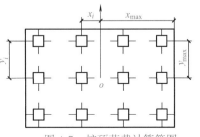

图 4-7 桩顶荷载计算简图

H 为作用于承台底面的水平力设计值。

H_i 为作用于任一复合基桩或基桩的水平力设计值。

n 为桩基中的桩数。

（2）地震作用效应

对于主要承受竖向荷载的抗震设防区低承台桩基，当同时满足下列条件时，计算桩顶作用效应时可不考虑地震作用：

① 按《建筑抗震设计规范（2016 年版）》GB 50011—2010 规定可不进行天然地基和基础抗震承载力计算的建筑物。

② 不位于斜坡地带和地震可能导致滑移、地裂地段的建筑物。

③ 桩端及桩身周围无可液化土层。

④ 承台周围无可液化土、淤泥、淤泥质土。

对位于 8 度和 8 度以上抗震设防区的高大建筑物低承台桩基，在计算各基桩的作用效应和桩身内力时，可考虑承台（包括地下墙体）与基桩的共同工作和土的弹性抗力作用。

当基桩承受较大水平力，或为高承台桩基时，桩顶作用效应的计算应考虑承台与基桩协同工作和土的弹性抗力。对烟囱、水塔、电视塔等高耸结构物桩基则常采用圆形或环形刚性承台，当桩基布置在直径不等的同心圆圆周上，且同一圆周上的桩距相等时，仍可按式（4-9）计算。

2. 桩基竖向承载力验算

（1）荷载效应基本组合

承受轴心荷载的桩基础，其承载力设计值应符合下式要求：

$$N_k \leqslant R \tag{4-11}$$

承受偏心荷载的桩基础，除应满足式（4-11）的要求外，尚应满足下式要求：

$$N_{kmax} \leqslant 1.2R \tag{4-12}$$

式中：N_k 为荷载效应标准组合轴心竖向力作用下，基桩或复合基桩的平均竖向力；N_{kmax} 为桩顶竖向压力作用下，最大竖向压力设计值；R 为基桩或复合基桩竖向承载力特征值。

（2）地震荷载效应组合

震害调查表明，不论桩周土类别如何，基桩竖向承载力均可提高 25%，故轴心荷载作用下：

$$N_{Ek} \leqslant 1.25R \tag{4-13}$$

偏心荷载作用下，除应满足式（4-13）的要求外，尚应满足下式：

$$N_{Ekmax} \leqslant 1.5R \tag{4-14}$$

式中：N_{Ek} 为地震作用效应和荷载效应标准组合下，基桩或复合基桩的平均竖向力；N_{Ekmax} 为地震作用效应和荷载效应标准组合下，基桩或复合基桩的最大竖向力。

3. 桩基竖向承载力设计值

（1）桩数不超过 3 根的桩基，基桩竖向承载力设计值为：

$$R = Q_{sk}/\gamma_s + Q_{pk}/\gamma_p \tag{4-15}$$

当根据静载荷试验确定单桩竖向极限承载力标准值时，基桩竖向承载力设计值为：

$$R = Q_{uk}/\gamma_{sp} \tag{4-16}$$

（2）桩数超过 3 根的非端承桩复合桩基，宜考虑桩群、土、承台的相互作用效应，其复合基桩的竖向承载力设计值为：

$$R = \frac{\eta_s Q_{sk}}{\gamma_s} + \frac{\eta_p Q_{pk}}{\gamma_p} + \frac{\eta_c Q_{ck}}{\gamma_c} \tag{4-17}$$

当根据静载荷试验确定基桩竖向极限承载力标准值时，桩侧摩阻力和桩端阻力已同时综合考虑，故基桩的竖向承载力设计值为：

$$R = \frac{\eta_{sp} Q_{uk}}{\gamma_{sp}} + \frac{\eta_c Q_{ck}}{\gamma_c} \tag{4-18}$$

其中

$$Q_{ck} = \frac{q_{ck} A_c}{n} \tag{4-19}$$

式中：Q_{sk}、Q_{pk} 分别为总极限侧阻力标准值和总极限端阻力标准值。

Q_{uk} 为单桩竖向极限承载力标准值。

Q_{ck} 为相应于任一复合基桩的承台底地基土总极限阻力标准值。

q_{ck} 为承台底 1/2 承台宽度深度范围（≤5m）内地基土极限阻力标准值。

A_c 为承台底地基土净面积。

γ_s、γ_p、γ_{sp}、γ_c 分别为桩侧阻抗力分项系数、桩端阻抗力分项系数、单桩竖向极限承载力标准值分项系数及承台底土阻抗力分项系数，可按表 4-2 采用。

η_s、η_p、η_{sp} 分别为桩侧阻、桩端阻、桩侧阻端阻综合群桩效应系数，可按表 4-3 采用。

η_c 为台底土阻力群桩效应系数，可按下式计算：

$$\eta_c = \eta_c^i \frac{A_c^i}{A_c} + \eta_c^e \frac{A_c^e}{A_c} \tag{4-20}$$

式中：A_c^i、A_c^e 分别为承台内、外区（外围桩边包络区）和外区的净面积，$A_c = A_c^i + A_c^e$。

η_c^i、η_c^e 分别为承台内、外区土阻力群桩效应系数，可按表 4-4 取值；若承台下存在高压缩性软弱土层时，η_c^i 均按 $B_c/l \leqslant 0.20$ 取值。

当承台底面与土脱开（非复合桩基）时，不应考虑承台效应，即取 $\eta_c = 0$，η_s、η_p、η_{sp} 取表 4-3 中 $B_c/l \leqslant 0.20$ 一栏的对应值；对端承桩基和桩数不超过 3 根的非端承桩基，也不考虑群桩效应，可取 $\eta_c = 0$，$\eta_s + \eta_p + \eta_{sp} = 1.0$。

抗力分项系数 表 4-2

桩型与工艺	$\gamma_s = \gamma_p = \gamma_{sp}$		γ_c
	静载试验法	经验参数法	
大直径灌注桩（清底干净）	1.60	1.65	1.65
泥浆护壁钻（冲）孔灌注桩	1.62	1.67	1.65
干作业钻孔灌注桩（$d < 0.8$m）	1.65	1.70	1.65
沉管灌注桩	1.70	1.75	1.70

注：1. 根据静力触探方法确定预制桩、钢管桩承载力时，取 $\gamma_s = \gamma_p = \gamma_{sp} = 1.60$。

2. 抗拔桩的侧阻抗力分项系数 γ，可取列表数值。

桩侧阻、端阻及侧阻端阻综合群桩效应系数 　　表 4-3

效应系数	B_c/l	黏性土 S_a/l 值				粉土、砂类土 S_a/l 值			
		3	4	5	6	3	4	5	6
η_s	≤0.20	0.80	0.90	0.96	1.00	1.20	1.10	1.05	1.00
	0.40	0.80	0.90	0.96	1.00	1.20	1.10	1.05	1.00
	0.60	0.79	0.90	0.96	1.00	1.09	1.10	1.05	1.00
	0.80	0.73	0.85	0.94	1.00	0.96	0.97	1.03	1.00
	≥1.00	0.67	0.78	0.86	0.93	0.78	0.82	0.89	0.95
η_p	≤0.20	1.64	1.35	1.18	1.06	1.26	1.18	1.11	1.06
	0.40	1.68	1.40	1.23	1.11	1.32	1.25	1.20	1.15
	0.60	1.72	1.44	1.27	1.16	1.37	1.31	1.26	1.22
	0.80	1.75	1.48	1.31	1.20	1.41	1.36	1.32	1.28
	≥1.00	1.79	1.52	1.35	1.24	1.44	1.40	1.36	1.33
η_{sp}	≤0.20	0.93	0.97	0.99	1.01	1.21	1.11	1.06	1.01
	0.40	0.93	0.97	1.00	1.02	1.22	1.12	1.07	1.02
	0.60	0.93	0.98	1.01	1.02	1.13	1.13	1.08	1.03
	0.80	0.89	0.95	0.99	1.03	1.01	1.03	1.07	1.04
	≥1.00	0.84	0.89	0.94	0.97	0.88	0.91	0.96	1.00

注：1. 当 $S_a/d>6$ 时，取 $\eta_s=\eta_p=\eta_{sp}=1.0$；两向桩 S_a 不等时，取均值。

2. 当桩侧为土层时，η_s 可取主要土层或分别按各土层类别取值。

3. 对于孔隙比 $e>0.8$ 非饱和黏性土和松散粉质土、砂类土中的挤土群桩，表列系数可提高 5%，对于密实粉土中的群桩，表列系数宜降低 5%。

承台内、外区土阻力群桩效应系数 　　表 4-4

B_c/l	η_c^i				η_c^e			
	3	4	5	6	3	4	5	6
≤0.20	0.11	0.14	0.18	0.21				
0.40	0.15	0.20	0.25	0.30				
0.60	0.19	0.25	0.31	0.37	0.63	0.75	0.88	1.00
0.80	0.21	0.29	0.36	0.43				
≥1.00	0.24	0.32	0.40	0.48				

4.2.6　桩基软弱下卧层承载力验算

当桩端平面以下受力层范围内存在软弱下卧层时，应进行下卧层的承载力验算。根据该下卧层发生强度破坏的可能性，可分为整体冲切剪切破坏和桩基冲剪破坏两种情况。

验算时要求：

$$\sigma_z+\gamma_z z\leqslant\frac{q_{uk}^w}{\gamma_q} \tag{4-21}$$

式中：σ_z 为作用于软弱下卧层顶面的附加应力，可分别按式（4-22）和式（4-23）计算。

γ_z 为软弱层顶面以上各土层重度加权平均设计值。

z 为地面至软弱层顶面深度。

q_{uk}^{w} 为软弱下卧层经深度修正的地基极限承载力特征值。

γ_q 为地基承载力分项系数，可取 $\gamma_q = 1.65$。

（1）对桩距 $S_a \leqslant 6d$ 的群桩基础，一般可作整体冲剪破坏考虑，按式（4-21）计算下卧层顶面：

$$\sigma_z = \frac{\gamma_0(F+G)-1.5(a_0+b_0)\sum q_{sik}l_i}{(a_0+2t\tan\theta)(b_0+2t\tan\theta)} \tag{4-22}$$

式中：a_0、b_0 分别为桩群外围桩边包络线内矩形面积的长、短边长。

θ 为桩端硬持力层压力扩散角，按表 4-5 取值，其余符号同前。

（2）对桩距 $S_a > 6d$ 且硬持力层厚度 $t < (S_a - D_e)\cot\theta/2$ 的群桩基础，以及单桩基础，应作基桩冲剪破坏考虑，下卧层顶面 σ_z 的表达式为：

$$\sigma_z = \frac{4(\gamma_0 N - u\sum q_{sik}l_i)}{\pi(D_e + 2t\tan\theta)^2} \tag{4-23}$$

式中：D_e 为桩端等代直径，圆形桩 $D_e = D$；方形桩 $D_e = 1.13b$（b 为桩边长）；按表 4-5 确定 θ 时，取 $b_0 = D$。

桩端硬持力层压力扩散角 θ　　　　　　　　　　　　　　表 4-5

E_{s1}/E_{s2}	$t = 0.25B_0$	$t \geqslant 0.50B_0$
1	4°	12°
3	6°	23°
5	10°	25°
10	20°	30°

注：1. E_{s1}/E_{s2} 为硬持力层、软弱下卧层的压缩模量。

　　2. 当 $t < 0.25B_0$ 时，θ 降低取值。

4.2.7　桩基沉降验算

当建筑物对桩基的沉降有特殊要求，或桩端存在软弱下卧层，或为摩擦型群桩基础时，尚应考虑桩基的沉降验算。桩基础变形计算值不应大于容许值。

桩基变形可用下列指标表示：沉降量；沉降差；倾斜（建筑物桩基础倾斜方向两端点的沉降差与其距离之比）；局部倾斜（墙下条形承台沿纵向某一长度范围内桩基础两点的沉降差与其距离的比值）。

计算桩基变形时，桩基变形指标应按照以下规定选用：由于土层厚度与性质不均匀、荷载差异、体型复杂等因素引起的地基变形，对于砌体承重结构应由局部倾斜控制；对于框架结构应由相邻柱基础的沉降差控制；对于多层或高层建筑和高耸结构应由倾斜值控制。

建筑物的桩基础变形容许值如无当地经验时可按《建筑地基基础设计规范》GB 50007—2011 取用。

对于桩中心距 $S_a \leqslant 6d$ 的桩基础，其最终沉降量计算可采用等效作用分层总和法。等效作用面位于桩端平面，等效作用面积为桩承台投影面积，等效作用附加应力近似取承台底平均附加压力。等效作用面以下的应力分布采用各向同性均质直线变形体理论。桩基础内任意点的最终沉降量可用角点法按下式计算：

$$s = \psi\psi_e s' = \psi\psi_e \sum_{j=1}^{m} p_{0j} \sum_{i=1}^{n} z_{ij}\alpha_{ij} - z_{(i-1)j}\alpha_{(i-1)j}\overline{E}_{si} \tag{4-24}$$

式中：s 为桩基础最终沉降量（mm）。

s' 为按分层总和法计算出的桩基础沉降量（mm）。

ψ 为桩基础沉降计算经验系数，按《建筑地基基础设计规范》GB 50007—2011 取用。

ψ_e 为桩基础等效沉降系数，按《建筑地基基础设计规范》GB 50007—2011 取用。

m 为角点法计算点对应的矩形荷载分块数。

n 为沉降计算深度范围内所划分的土层数。

p_{0j} 为角点法计算点对应的第 j 块矩形底面长期效应组合的附加压力（kPa）。

$\overline{E}_{si}$ 为等效作用底面以下第 i 层土的压缩模量（MPa），采用地基土在自重压力至自重压力加附加压力作用时的压缩模量。

z_{ij}、$z_{(i-1)j}$ 分别为桩端平面第 j 块荷载计算点至第 i 层土、第 $i-1$ 层土底面的距离（m）。

α_{ij}、$\alpha_{(i-1)j}$ 分别为桩端平面第 j 块荷载计算点至第 i 层土、第 $i-1$ 层土底面深度范围内平均附加应力系数，可按《建筑地基基础设计规范》GB 50007—2011 采用。

4.3 建筑荷载对隧道应力应变变化的影响

建筑物均布荷载不仅对荷载面积之下的地层产生附加应力，还分布在荷载面积以外相当大的范围内，即地基附加应力扩散分布。随着地层深度的增加，地层竖向应力大体呈逐渐减小的趋势，这与普通情况下地基附加应力的变化有差异，主要是由于隧道的存在，建筑物长轴与隧道轴线夹角越小，相同点的竖向应力越小。在半无限弹性体内部作用竖向集中力时，如图 4-8 所示，半无限体内部任一点 M 的应力计算为：

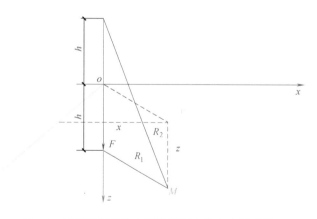

图 4-8 半无限弹性体内部作用竖向集中力示意图

$$\sigma_x = \frac{F}{8\pi(1-\mu)}\left\{\frac{(1-2\mu)(z-h)}{R_1^3} - \frac{3x^2(z-h)}{R_1^5} + \frac{(1-2\mu)[3(z-h)-4\mu(z-h)]}{R_2^3} - \right.$$

$$\frac{3(3-4\mu)x^2(z-h)-6h(z+h)[(1-2\mu)z-2\mu h]}{R_2^5} - \frac{30hx^2z(z+h)}{R_2^7} - $$

$$\left.\frac{4(1-\mu)(1-2\mu)}{R_2(R_2+z+h)}\left[1 - \frac{x^2}{R_2(R_2+z+h)} - \frac{x^2}{R_2^2}\right]\right\}$$

$$(4\text{-}25)$$

$$\sigma_y = \frac{F}{8\pi(1-\mu)}\left\{\frac{(1-2\mu)(z-h)}{R_1^3} - \frac{3y^2(z-h)}{R_1^5} + \frac{(1-2\mu)[3(z-h)-4\mu(z+h)]}{R_2^3} - \right.$$

$$\frac{3(3-4\mu)y^2(z-h)-6h(z+h)[(1-2\mu)z-2\mu h]}{R_2^5} - \frac{30hy^2z(z+h)}{R_2^7} - $$

$$\left.\frac{4(1-\mu)(1-2\mu)}{R_2(R_2+z+h)}\left[1 - \frac{y^2}{R_2(R_2+z+h)} - \frac{y^2}{R_2^2}\right]\right\}$$

$$(4\text{-}26)$$

$$\sigma_z = \frac{F}{8\pi(1-\mu)}\left[\frac{-(1-2\mu)(z-h)}{R_1^3} + \frac{(1-2\mu)(z-h)}{R_2^3} - \frac{3(z-h)^3}{R_1^5} \right.$$

$$\left. - \frac{3(3-4\mu)(1-2\mu)^2-3h(z+h)(5z-h)}{R_2^5} - \frac{30hz(z+h)^3}{R_2^7}\right]$$

$$(4\text{-}27)$$

式中：$R_1 = \sqrt{r^2+(z-h)^2}$，$R_2 = \sqrt{r^2+(z+h)^2}$，$r^2 = x^2-y^2$，μ 为土的泊松比。

平面内作用竖向集中力时任意一点的竖向应力如图 4-9 所示。

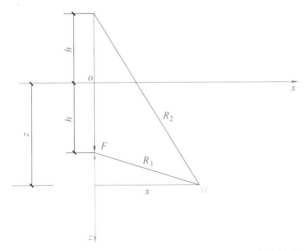

图 4-9　平面内作用竖向集中力时任意一点竖向应力计算简图

应力计算如下：

$$\sigma_z = \frac{F}{\pi}\left\{\frac{m+1}{2m}\left[\frac{(z-h)^3}{R_1^4} + \frac{(z+h)[(z+h)^2+2hz]}{R_2^4}\right] - \frac{8hz(z+h)x^2}{R_2^6} + \frac{m-1}{4m}\left(\frac{z-h}{R_1^2} + \frac{3z+h}{R_2^2} - \frac{4zx^2}{R_2^4}\right)\right\}$$

$$(4\text{-}28)$$

$$\sigma_{\mathrm{x}}=\frac{F}{\pi}\left\{\frac{m+1}{2m}\left[\frac{(z-h)^3}{R_1^4}+\frac{(z+h)\left[(z+h)^2+2hx^2\right]}{R_2^4}+\frac{8hz(z+h)x^2}{R_2^6}\right]+\frac{m-1}{4m}\left(-\frac{z-h}{R_1^2}+\frac{z+3h}{R_2^2}+\frac{4zx^2}{R_2^4}\right)\right\}$$

$$(4\text{-}29)$$

式中：$R_1=\sqrt{x^2+(z-h)^2}$，$R_2=\sqrt{x^2+(z+h)^2}$，$m=\dfrac{1-\mu}{\mu}$。

地下建筑结构除承受主动荷载作用外（如围岩压力、结构自重等），还承受一种被动荷载，即地层压力。按松散体理论计算地层压力：

（1）垂直围岩压力

按松散体理论计算围岩压力是从 20 世纪初开始的。由于考虑到土体裂隙和节理的存在，土体被切割为互不联系的独立块体。因此，可以把土体假定为松散体。但是，被各种软弱面切割而成的岩块结合体与真正理论上的松散体并不完全相同，这就需要将真正的土体代之以某种具有一定特性的特殊松散体，以便对这种特殊的松散体采用与理想松散体完全相同的计算方法。

理想松散体颗粒间抗剪强度为：

$$\tau=\sigma\cdot\tan\varphi \tag{4-30}$$

在有黏聚力的土体中抗剪强度为：

$$\tau=\sigma\cdot\tan\varphi+c \tag{4-31}$$

改写式（4-31）得：

$$\tau=\sigma\cdot\left(\tan\varphi+\frac{c}{a}\right) \tag{4-32}$$

令 $f_{\mathrm{k}}=\tan\varphi+\dfrac{c}{a}$，则

$$\tau=\sigma\cdot f_{\mathrm{k}} \tag{4-33}$$

比较式（4-33）与式（4-30），在形式上是完全相同的。因此，对于具有一定粘结力的土体，同样可以当作完全松散体对待，只需以具有粘结力土体的 $f_{\mathrm{k}}=\tan\varphi+\dfrac{c}{a}$ 代替完全松散体的 $\tan\varphi$ 即可。

（2）浅埋结构上的垂直围岩压力

当地下结构上覆岩土层较薄时，通常认为覆盖层全部土体重量作用于地下结构。这时地下结构所受的围岩压力就是覆盖层岩石柱的重量（图 4-10）。

$$q=\gamma\cdot H \tag{4-34}$$

式中：q 为垂直地层压力；γ 为土体重度；H 为地下结构顶盖上方覆盖层厚度。

可以看出，用式（4-34）所计算的围岩压力是一种最不利的情况。而实际上，当地下结构上方覆盖的岩层向下滑动时，两侧不动岩层不可避免地将向滑动体提供摩擦力，阻止其下滑。只要地下结构所提供的反力与两侧所提供的摩擦力之和能克服这种下滑，则作用在地下结构上的围岩压力只是岩石柱重量与两侧所提供的摩擦力之差。

由于地下结构上方的覆盖层不可能像图 4-10 那样规则地沿壁面下滑，为了方便计算，进行一定的简化处理。假定从洞室的底角起形成一个与结构侧壁成 $\left(45°-\dfrac{\varphi}{2}\right)$ 的滑移面，并认为这个滑移面延伸到地表（图 4-10）。只有滑移面以内的土体才有可能下滑，而滑移

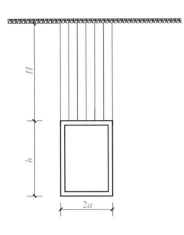
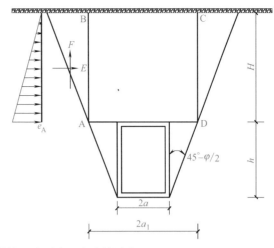

图 4-10　浅埋结构垂直围岩压力计算图式

面之外的土体是稳定的。取 ABCD 为向下滑动的土体，它所受到的抵抗力是沿 AB 和 CD 两个面的摩擦力之和。因此，作用在地下结构的总压力为：

$$Q = G - 2F \tag{4-35}$$

式中：G 为 ABCD 土体的总重量。

F 为 AB 或 CD 面对 G 的摩擦力。

由几何关系得：

$$\begin{cases} 2a_1 = 2a + 2h\tan\left(45° - \dfrac{\varphi}{2}\right) \\ G = 2a_1 H\gamma \end{cases} \tag{4-36}$$

所以

$$G = 2\left[a + h\tan\left(45° - \frac{\varphi}{2}\right)\right]\gamma H \tag{4-37}$$

由前所述可知，AB（或 CD）面的水平压力为三角形分布，其最大值在 A 点（或 D 点）：

$$e_A = e_D = \gamma H\tan^2\left(45° - \frac{\varphi}{2}\right) \tag{4-38}$$

AB（CD）面所受的总水平力：

$$E = \frac{1}{2}H\gamma\tan^2\left(45° - \frac{\varphi}{2}\right) = \frac{1}{2}\gamma H^2\tan^2\left(45° - \frac{\varphi}{2}\right) \tag{4-39}$$

AB（CD）面所受的摩擦阻力：

$$F = E \cdot \tan\varphi = \frac{1}{2}\gamma H^2\tan^2\left(45 - \frac{\varphi}{2}\right) \cdot \tan\varphi \tag{4-40}$$

将式（4-37）和式（4-40）代入式（4-35）得：

$$Q = 2\gamma H\left[a + h\tan\left(45° - \frac{\varphi}{2}\right)\right] - \gamma H^2\tan^2\left(45° - \frac{\varphi}{2}\right)\tan\varphi \tag{4-41}$$

围岩压力集度为：

$$q = \frac{Q}{2a_1} = \gamma H \left[1 - \frac{H}{2a_1} \tan^2 \left(45° - \frac{\varphi}{2} \right) \tan\varphi \right] \tag{4-42}$$

式（4-42）为考虑摩擦影响的围岩压力计算公式，可见 q 值是随地下结构所处的深度 H 而变化。为了解其变化情况，现将式（4-41）对 H 取一次导数，并令其为零，则可求得产生最大围岩压力的深度为：

$$H_{max} = \frac{a_1}{\tan^2 \left(45° - \frac{\varphi}{2} \right) \cdot \tan\varphi} \tag{4-43}$$

在这个深度上的围岩压力总值为：

$$Q_{max} = \frac{\gamma a_1^2}{\tan^2 \left(45° - \frac{\varphi}{2} \right) \cdot \tan\varphi} \tag{4-44}$$

围岩压力集度为：

$$q_{max} = \frac{\gamma a_1}{2\tan^2 \left(45° - \frac{\varphi}{2} \right) \cdot \tan\varphi} \tag{4-45}$$

由式（4-43）和式（4-45）可知：

$$q_{max} = \frac{1}{2} \gamma H_{max} \tag{4-46}$$

分析式（4-41）可以发现，当以 $H = 2H_{max}$ 代入时，$Q = 0$。这表明摩擦阻力已全部克服了土体下滑的重量。

实际上不能认为当地下结构埋置深度 $H > 2H_{max}$ 时地下结构上完全没有围岩压力作用。这是因为我们研究的是松散的岩土体，而不是一个刚性的块体。对于一个刚性块体，只要摩擦力能克服其重力，块体就不会发生移动，位于它下面的结构就不承受该块体力的作用。而对于下滑的松散体来说，虽然两侧的摩擦阻力在数值上已超过岩土体的全部重量，但是远离摩擦面（特别是跨中）的岩土体将因其自重而脱落。

4.3.1 圆形隧道受力分布计算

径向应力：

$$\sigma_r = \frac{1}{r} \frac{\partial \phi}{\partial r} + \frac{1}{r^2} \frac{\partial^2 \phi}{\partial r \partial \theta} \tag{4-47}$$

环向应力：

$$\sigma_\theta = \frac{\partial^2 \phi}{\partial r^2} \tag{4-48}$$

剪切应力：

$$\tau_{r\theta} = \frac{1}{r^2} \frac{\partial \phi}{\partial \theta} - \frac{1}{r} \frac{\partial^2 \phi}{\partial r \partial \theta} \tag{4-49}$$

边界条件为：

$$(\sigma_r)_{r=b} = \frac{p}{2} + \frac{p}{2} \cos 2\theta \qquad b \gg R_0 \tag{4-50}$$

$$\begin{cases} (\tau_{r\theta})_{r=b} = -\dfrac{p}{2}\sin2\theta & b \gg R_0 \\[2mm] (\tau_{r\theta})_{r=b} = (\sigma_r)_{r=b} = 0 & b \gg R_0 \end{cases} \tag{4-51}$$

为了求解微分方程式（4-47）～式（4-49），设满足该方程的应力函数 $\phi(r)$ 为：

$$\phi(r) = A\ln r + Br^2 + (Cr^2 + Dr^{-2} + F)\cos2\theta \tag{4-52}$$

将式（4-40）代入式（4-36）～式（4-38），并考虑到边界条件式（4-52），可求得各常数为：

$$A = -\frac{pR_0^2}{2}, B = \frac{p}{4}, C = -\frac{p}{4}, D = -\frac{pR_0^4}{4}, F = \frac{pR_0^2}{2} \tag{4-53}$$

将以上常数代入下式，得到应力函数 ϕ 为：

$$\phi = -\frac{pR_0^2}{2}\left[\ln r - \frac{r^2}{2R_0^2} - \left(1 - \frac{r^2}{2R_0^2} - \frac{R_0^2}{2r^2}\right)\cos2\theta\right] \tag{4-54}$$

将式（4-50）、式（4-51）代入式（4-47）～式（4-49），就可得到各应力分量为：

$$\begin{cases} \sigma_r = \dfrac{p}{2}\left[\left(1 - \dfrac{R_0^2}{r^2}\right) + \left(1 + \dfrac{3R_0^4}{r^2} - \dfrac{4R_0^2}{r^2}\right)\cos2\theta\right] \\[4mm] \sigma_\theta = \dfrac{p}{2}\left[\left(1 + \dfrac{R_0^2}{r^2}\right) - \left(1 + \dfrac{3R_0^4}{r^2}\right)\cos2\theta\right] \\[4mm] \tau_{r\theta} = -\dfrac{p}{2}\left(1 - \dfrac{3R_0^4}{r^4} + \dfrac{2R_0^2}{r^2}\right)\sin2\theta \end{cases} \tag{4-55}$$

式中：σ_r、σ_θ、$\tau_{r\theta}$ 分别为 M 点的径向应力、环向应力和剪应力，以压应力为正，拉应力为负。

θ 为 M 点的极角，自水平轴（x 轴）起始，逆时针方向为正。

r 为 M 点距圆形洞室中心 o 点的距离。

式（4-55）是柯西课题求解的无限薄板中心孔周边应力计算公式，实际上深埋于岩体中的水平圆形洞室的受力情况符合柯西课题，即可以把柯西课题求解计算公式引用到地下洞室围岩重分布应力计算中来。假定沿洞轴方向取 1m 厚度的洞室作为研究对象，可简化为图 4-11 所示力学模型。此类模型可以概化为两侧受均布压力的薄板中心小圆孔周边应

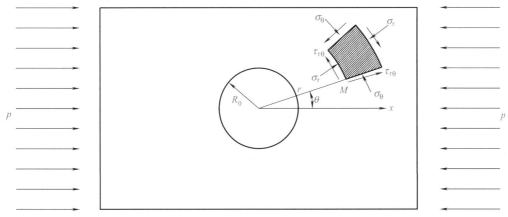

图 4-11 柯西课题的力学模型

力分布的计算问题，即把它看成是两个柯西课题的叠加。

若水平和垂直天然应力都是主应力，则洞室开挖前板内的天然应力为：

$$
\begin{cases}
\sigma_z = \sigma_v \\
\sigma_x = \sigma_h = \lambda\sigma_v \\
\tau_{xz} = \tau_{zx} = 0
\end{cases}
\tag{4-56}
$$

式中：σ_v、σ_h 分别为岩体中垂直和水平天然应力。

λ 为岩体中水平和垂直天然应力比值系数，又称侧压力系数。

τ_{zx}、τ_{xz} 为天然剪应力。

取垂直坐标轴为 z 轴，水平轴为 x 轴（图 4-12），那么洞室开挖后，由水平天然应力 σ_h 产生的重分布应力，可由式（4-55）直接求得，只需把式中 p 换成 $\lambda\sigma_v$ 即可。因此有：

$$
\begin{cases}
\sigma_r = \dfrac{\lambda\sigma_v}{2}\left[\left(1-\dfrac{R_0^2}{r^2}\right)+\left(1+\dfrac{3R_0^4}{r^4}-\dfrac{4R_0^2}{r^2}\right)\cos2\theta\right] \\
\sigma_\theta = \dfrac{\lambda\sigma_v}{2}\left(1+\dfrac{R_0^2}{r^2}\right)-\left(1+\dfrac{3R_0^4}{r^4}\right)\cos2\theta \\
\tau_{r\theta} = -\dfrac{\lambda\sigma_v}{2}\left(1-\dfrac{3R_0^4}{r^4}+\dfrac{2R_0^2}{r^2}\right)\sin2\theta
\end{cases}
\tag{4-57}
$$

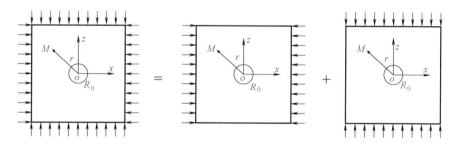

图 4-12　深埋水平圆形洞室围岩应力分析简化模型

虽然由垂直天然应力 σ_v 引起的围岩重量分布应力也可由式（4-56）确定，但由于柯西课题力学模型中极坐标轴与力的作用方向相同，因此，需要进行极角变换。在式（4-56）中，p 用 σ_v 代替，θ 用 $\theta-\pi/2$ 代替，则由 σ_v 引起的重分布应力为：

$$
\begin{cases}
\sigma_r = \dfrac{\sigma_v}{2}\left[\left(1-\dfrac{R_0^2}{r^2}\right)-\left(1+\dfrac{3R_0^4}{r^4}-\dfrac{4R_0^2}{r^2}\right)\cos2\theta\right] \\
\sigma_\theta = \dfrac{\sigma_v}{2}\left[1+\dfrac{R_0^4}{r^2}+\left(1+\dfrac{3R_0^4}{r^4}\right)\cos2\theta\right] \\
\tau_{r\theta} = \dfrac{\sigma_v}{2}\left(1-\dfrac{3R_0^4}{r^4}+\dfrac{2R_0^2}{r^2}\right)\sin2\theta
\end{cases}
\tag{4-58}
$$

将式（4-57）和式（4-58）相加，即可得到 σ_v 和 σ_h 同时作用时，圆形洞室围岩重分布应力的计算公式为：

$$\begin{cases} \sigma_r = \sigma_v \left[\dfrac{1+\lambda}{2} \left(1 - \dfrac{R_0^2}{r^2}\right) - \dfrac{1-\lambda}{2} \left(1 + \dfrac{3R_0^4}{r^2} - \dfrac{4R_0^2}{r^2}\right) \cos 2\theta \right] \\[3mm] \sigma_\theta = \sigma_v \left[\dfrac{1+\lambda}{2} \left(1 + \dfrac{R_0^2}{r^2}\right) + \dfrac{1-\lambda}{2} \left(1 + \dfrac{3R_0^4}{r^2}\right) \cos 2\theta \right] \\[3mm] \tau_{r\theta} = \sigma_v \dfrac{1-\lambda}{2} \left(1 - \dfrac{3R_0^4}{r^4} + \dfrac{2R_0^2}{r^4}\right) \sin 2\theta \end{cases} \tag{4-59}$$

或

$$\begin{cases} \sigma_r = \dfrac{\sigma_v + \sigma_h}{2} \left(1 - \dfrac{R_0^2}{r^2}\right) - \dfrac{\sigma_v - \sigma_h}{2} \left(1 + \dfrac{3R_0^4}{r^4} - \dfrac{4R_0^2}{r^2}\right) \cos 2\theta \\[3mm] \sigma_\theta = \dfrac{\sigma_v + \sigma_h}{2} \left(1 + \dfrac{R_0^2}{r^2}\right) - \dfrac{\sigma_v - \sigma_h}{2} \left(1 + \dfrac{3R_0^4}{r^4}\right) \cos 2\theta \\[3mm] \tau_{r\theta} = \dfrac{\sigma_v - \sigma_h}{2} \left(1 - \dfrac{3R_0^4}{r^4} + \dfrac{4R_0^2}{r^2}\right) \sin 2\theta \end{cases} \tag{4-60}$$

由上述重力应力表达式可知，当天然应力 σ_h、σ_v 和孔洞半径 R_0 一定时，弹性围岩重分布应力是计算点位置（r，θ）的函数，令 $r = R_0$ 时，则洞壁上的重分布应力，由式（4-60）得：

$$\begin{cases} \sigma_r = 0 \\[2mm] \sigma_\theta = \sigma_h - \sigma_v - 2(\sigma_h - \sigma_v)\cos 2\theta \\[2mm] \tau_{r\theta} = 0 \end{cases} \tag{4-61}$$

由式（4-61）可知，洞壁上的 $\tau_{r\theta} = 0$，$\sigma_r = 0$，仅有 σ_θ 作用时，为单向应力状态，此时洞壁最易发生破坏；洞壁上 σ_θ 大小仅与天然应力状态及计算点的位置 θ 有关，而与洞室尺寸 R_0 无关。

4.3.2 马蹄形隧道受力分析模型

结构在主动荷载作用下，要产生变形。以隧道工程为例，如图 4-13 所示的曲墙拱形结构，在主动荷载（垂直荷载大于水平荷载）作用下，产生的变形如虚线所示。在拱顶，其变形背向地层，在此区域内岩土体对结构不产生约束作用，所以称为"脱离区"，而在靠边拱脚和边墙部位，结构产生压向地层的变形，由于结构与岩土体紧密接触，则岩土体将制止结构的变形，从而产生了对结构的反作用力，这个反作用力习惯上称为弹性抗力，地层弹性抗力的存在是地下结构区别于地面结构的显著特点之一。因为地面结构在外力作用下，可以自由变形，不受介质约束，而地下结构在外力作用下，其变形受到地层的约束，所以地下结构设计必须考虑结构与地层之间的相互作用，这就带来了地下结构设计与计算的复杂性。另外，由于弹性抗力的存在，限制了结构的变形，以致结构的受力条件得以改善，使其变形小，而承载能力有所增加。

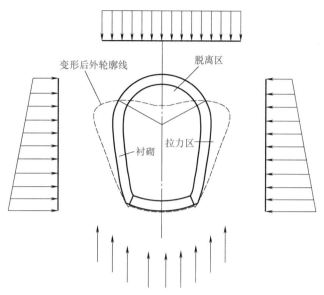

图 4-13　衬砌结构在外力作用下的变形规律

既然弹性抗力是由于结构与地层的相互作用产生的，所以弹性抗力大小和分布规律不仅决定于结构的变形，还与地层的物理力学性质有着密切的关系。如何确定弹性抗力的大小和其作用范围（抗力区），目前有两种理论：一种是局部变形理论，认为弹性地基某点上施加的外力只会引起该点的沉陷；另一种是共同变形理论，认为弹性地基上一点的外力不仅引起该点发生沉陷，还会引起附近一定范围的地基沉陷。后一种理论较为合理，但由于局部变形理论计算较为简单，且一般尚能满足工程精度要求，所以目前多采用局部变形理论计算弹性抗力。

在局部变形理论中，以熟知的温克尔（Winkler）假设为基础，认为地层的弹性抗力与结构变位成正比，即

$$\sigma = k\delta \tag{4-62}$$

式中：σ 为弹性抗力强度（kPa）；k 为弹性抗力系数（kN/m³）；δ 为岩土体计算点的位移值（m）。

对于各种地下结构和不同介质，弹性抗力系数 k 值不同，可根据工程实践经验或参考相关规范确定。

4.4　地铁隧道变形机理分析

邻近基础施工可能引起地铁隧道偏移，造成结构整体弯曲（包含隧道结构与道床的分离以及横断面的扭剪变形）。结合近接施工对既有下部结构受力特点与变形规律的研究，参考先前相似的工程实例，并根据地铁运营的一般规定，对既有隧道的反应特征进行分析和归纳。

4.4.1　纵向结构变形

隧道的变形包含结构上浮、衬砌水平位移、隧道止水带开裂等。就隧道纵向变形来

说，一般分为均匀变形和非均匀变形。隧道因均匀变形作用随地基一同沉降，不会出现纵向挠曲，也不会对隧道的横向内力造成影响。由于隧道与地基刚度的差异，隧道受到非均匀变形的作用，从而导致隧道纵向出现挠曲变形，同时干扰隧道纵向（横向）内力的变化。

在特定环境中，尤其是在软岩或饱和软黏土中施工的隧道，纵向变形通常表现为非均匀分布，伴随隧道施工期间以至运营阶段，多种干扰因素将加剧隧道纵向的非均匀变形。由纵向非均匀变形引起的隧道结构位移与一般弹性地基梁位移相差明显。一般弹性地基梁多为实心梁或高跨比很小的空心截面梁，纵向非均匀变形通常引起隧道纵向弯曲，对横截面的影响非常有限。可以肯定的是，隧道设计无论在纵向还是横向上都应同等兼顾，两者相互影响。经由隧道结构力学分析，当纵向出现明显的非均匀变形时，需同时观察水平位移和内力变化对隧道结构造成的影响。隧道结构的纵向受力变形模式可归结如下。

1. 隧道纵向挠曲

位于隧道工作面拱顶及拱底区域的纵向纤维受到来自相同方向的弯曲内力，从而使结构发生伸缩变形，就隧道而言，因为纵向拉伸（钢筋受拉）与压缩刚度（衬砌受压）差异明显，导致上下部位的材料伸缩不一致，管片环向受拉侧变形增大，可能发生开裂。

根据桩基施工对既有隧道纵向弯曲变形的影响分析，归纳总结隧道受力变形特点，将隧道设定为温克尔地基梁，满足伯努利梁假定条件，得到隧道纵向挠曲方程为：

$$EI \frac{\mathrm{d}^4 w}{\mathrm{d}x^4} = -Kw + q \tag{4-63}$$

式中：EI 为隧道管片刚度系数；K 为地基基床系数；$K = kd$（k 为系数，d 为隧道管片横截面宽度）；q 为隧道表面上覆荷载；w 为隧道纵向沉降位移。

2. 隧道纵向受剪

隧道的纵向剪力呈现出的非均匀性，不仅能够让隧道结构在纵向产生与地基的协调变形，而且使横截面出现剪切变形与横向弯曲。隧道止水带因承受集中剪力而容易产生明显的差异沉降，使得可能发生渗漏现象。此外按照隧道安全运营的规定，应控制变形缝两侧的错动变形，这对于隧道及地下工程的近接施工作用重大。

采用有限差分法可以计算得到纵向结构弯矩与剪力的推导公式：

$$M_i = -EI(\mathrm{d}^2 w_i / \mathrm{d}x^2) = -EI \frac{w_{i+1} - 2w_i + w_{i-1}}{L^2} \tag{4-64}$$

$$Q_i = -EI(\mathrm{d}^3 w_i / \mathrm{d}x^3) = -EI \frac{w_{i+2} - 2w_{i+1} + 2w_{i-1} + w_{i-2}}{2L^3} \tag{4-65}$$

式中：M_i 为隧道纵向结构弯矩；Q_i 为隧道纵向结构剪力；w_i 为隧道纵向结构位移。

将沿隧道方向距离 x 处垂直轴线方向的位移设为 $w(x)$，隧道自身位移设为 $s(x)$，当满足变形协调条件 $s(x) = w(x)$，设上部附加荷载为 $q(x)$，则可得到隧道纵向方向变形微分方程：

$$(EI)_{\mathrm{eq}} \frac{\mathrm{d}^4 s(x)}{\mathrm{d}x^4} + s(x) = q(x) \tag{4-66}$$

式中：EI 为等效刚度。

4.4.2 结构横截面受力与变形

基础施工不仅会引起隧道纵向发生变化，还会在两者交叉点处引起隧道横截面内力和形状变化，这种变化对于地铁隧道的抗裂、防渗等影响同样明显。

1. 隧道横截面偏移

基础施工时邻近隧道的交叉点处横截面发生整体偏移，平面整体变形将导致轨距发生变化。若变化幅值超过扣件调整范围将引起列车卡轨甚至是脱轨等安全事故，故此，横截面整体偏移是分析的核心环节。

2. 隧道横截面形状变化

由地层结构力学的基本原理可知，基础施工将引起隧道围岩内力变化，导致既有隧道横截面形状发生变化，进一步造成道床移动，所以横截面形状变化对于隧道结构内轨道静态几何形位变形具有同等重要的影响。

3. 隧道横截面翘曲

实际隧道结构满足纵向刚度的要求，管片横截面转角与纵向纤维的变化关系是非线性的，因此，当隧道不同位置处横截面出现非线性纵向位移时，隧道横截面将发生翘曲变形，但对于此类翘曲变形一般不做计算。

4. 隧道横截面内力

基础施工过程引起围岩内力释放，导致既有隧道径向（环向）内力发生变化。在新建基础施工之前，隧道径向处于受压状态，无论从隧道环向受力还是隧道抗渗角度来说都是有利的。但当桩基开挖引起隧道径向出现拉应力时，对混凝土结构受力将产生不利影响，导致管片间止水相交压强变化，存在漏水的风险。地铁隧洞横截面为均质圆环的超静定结构，可以利用力法求解，得到衬砌结构任意横截面内的弯矩与轴力：

$$M_i = M_{ip} + X_1 + X_2 y_i \tag{4-67}$$

$$N_i = N_{ip} + X_2 \cos\varphi_i \tag{4-68}$$

式中：M_{ip} 和 N_{ip} 分别为基本结构中任意一点中产生的弯矩和轴力；X_1 和 X_2 分别为多余未知力；φ_i 为截面 i 与垂直线间的夹角；y_i 为截面 i 的纵坐标。

5. 隧道横截面压弯

在平面变形分析过程中，隧道周围土层性质以及结构上部荷载对横截面的内力与变形起决定作用。不同于一般横截面压弯变形的平面分析，当结构出现非均匀变形时，位于空间应力工作状态的隧道其横截面弯曲在纵向是不同的。在非均匀变形条件下，无论土体性质或上部荷载是否改变，隧道横截面仍会出现横向附加内力与压弯变形。根据以往工程案例的经验，分析隧道横截面压弯变形是计算纵向（横向）内力的关键，但其变形机理仍需进行深入研究。准确判断并计算隧道纵向（横向）刚度，对桩基近接施工的安全评价意义重大。

4.5 地铁隧道施工对邻近桥桩的作用机理

4.5.1 盾构施工对桥桩的影响

地铁隧道开挖后使得桩的一侧卸载，进而影响桥桩的受力性能。地铁隧道开挖对桥桩的影响示意图如图 4-14 所示。由于城市高架桥的桥底位置较深，通常位于地铁隧道之下，因此，隧道开挖对桩端承载力的影响较小。地铁隧道在匀速穿越桥桩的过程中，桥桩基础受开挖影响的主要因素体现在以下三个方面：

（1）地铁隧道开挖引起地层损失及地下水位下降。

（2）土体侧向位移引起桩身侧向位移。

（3）桩周土沉降引起负摩阻力，进一步导致桩的附加沉降。

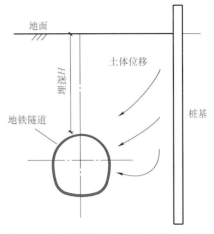

图 4-14　地铁隧道开挖对桥桩的影响示意图

4.5.2　地铁隧道施工对单桩竖向位移的计算

基于 Pasternak 地基模型，假定桩与土之间保持弹性接触，桩土间不发生滑移，用连续分布的弹簧来模拟桩与桩侧土体之间的相互作用。单桩竖向位移计算简图如图 4-15 所示，图中 p_0 为桩顶处节点所受的上部结构荷载。由于在深度 z 处桩身沉降和桩侧土沉降相等，可得到土体竖向位移对桩身影响的沉降控制方程：

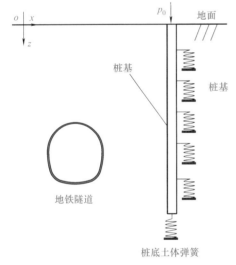

图 4-15　单桩竖向位移计算简图

$$G\frac{\mathrm{d}^2 W_{\mathrm{t}}(z)}{\mathrm{d}z^2}-k\left[W_{\mathrm{t}}(z)-S_{\mathrm{t}}(z)\right]=0$$

$$(4\text{-}69)$$

式中：$W_{\mathrm{t}}(z)$ 为隧道开挖引起的桩基沉降；$S_{\mathrm{t}}(z)$ 为土体竖向位移；z 为沉降计算点距地表的深度；k 为地基反力模量；G 为剪切层的刚度。k 和 G 的计算式如下：

$$k=0.65\left(\frac{E_{\mathrm{s}}d^4}{EI}\right)^{\frac{1}{12}}\cdot\frac{E_{\mathrm{s}}}{(1-v)^2}\quad(4\text{-}70)$$

$$G=\frac{E_{\mathrm{s}}t}{6(1+v)}\quad(4\text{-}71)$$

式中：E_{s} 为土体弹性模量；d 为桩基等效宽度；EI 为桩基抗弯刚度；v 为土的泊松比；t 为剪切层厚度。

在通常情况下，桥桩会深入多层土体中，对于分层地基中的单桩，可将桩长分为 n 等份。设桩长为 L，桩顶处为节点 o，该处有边界条件 $p(0)=p_0$。采用中心差分形式，以节点 i 为例，其导数与差分的关系式为：

$$\left[\frac{\mathrm{d}^2 W_{\mathrm{t}}(z)}{\mathrm{d}z^2}\right]\approx\frac{W_{\mathrm{t},i+1}-2W_{\mathrm{t},i}+W_{\mathrm{t},i-1}}{h^2}\quad(4\text{-}72)$$

$$\left[\frac{\mathrm{d}^4 W_{\mathrm{t}}(z)}{\mathrm{d}z^4}\right]\approx\frac{W_{\mathrm{t},i+2}-4W_{\mathrm{t},i+1}+6W_{\mathrm{t},i}-4W_{\mathrm{t},i-1}-W_{\mathrm{t},i-2}}{h^4}\quad(4\text{-}73)$$

将式（4-73）代入式（4-70）可得如下差分表达式：

$$W_{t,i+1} - \left(2 + \frac{kh^2}{G}\right)W_{t,i} + W_{t,i-1} = -\frac{kh^2}{G}S_{t,i} \tag{4-74}$$

式中：h 为相邻两节点之间的距离，$h = L/n$，L 为桩长。则地铁隧道开挖对单桩竖向影响的差分方程为：

$$[K_{pz}]\{W_t\} = [K_{sz}] = \{S_t\} + \{F_z\} \tag{4-75}$$

$$S_t = R^2\left\{-\frac{z-H}{x^2(z-H)^2} + \frac{(3-4v)(z-H)}{x^2+(z+H)^2} - \frac{2z[x^2-(z+H)^2]}{[x^2+(z+H)^2]}\right\} \cdot \frac{4Rg+g^2}{4R^2} \cdot e^{-\frac{1.38x^2}{(H+R)^2} - \frac{0.69z^2}{H^2}} \tag{4-76}$$

式中：$[K_{pz}]$ 为桩基竖向刚度矩阵；$\{F_z\}$ 为桩基竖向外荷载列向量；$\{W_t\}$ 为隧道开挖过程桩身节点竖向位移列向量，$\{W_t\} = [W_{t,0}, W_{t,1}, \cdots, W_{t,i}, \cdots, W_{t,n-1}, W_{t,n}]T$；$\{S_t\}$ 为隧道开挖时在桩身相应位置处的土体竖向自由位移列向量，采用 LOGA-NATHAN 等提出的式（4-76）计算，式（4-76）适用于计算地铁隧道在不排水开挖时的土体自由场位移，经实践验证具有较高的计算精度，$\{S_t\} = [S_{t,0}, S_{t,1}, \cdots, S_{t,i}, \cdots, S_{t,n-1}, S_{t,n}]T$；$[K_{sz}]$ 为土体竖向刚度矩阵；R 为隧道半径；H 为隧道埋深；x 为桩距离隧道中心线的水平距离；g 为等效地层损失参数。

$$[K_{sz}] = \begin{Bmatrix} k_{sz,0} & & & & \\ & k_{sz,1} & & & \\ & & \ddots & & \\ & & & k_{sz,(n-1)} & \\ & & & & k_{sz,n} \end{Bmatrix}_{(n+1)(n+1)} \tag{4-77}$$

式中：$k_{sz,i} = -\frac{kh^2}{G}$，$0 \leqslant i \leqslant n$。

可得非均质地基中隧道开挖引起的邻近单桩竖向位移为：

$$\{W_t\} = [K_{pz}]^{-1}([K_{sz}]\{S_t\} + \{F_z\}) \tag{4-78}$$

4.5.3 地铁隧道施工对单桩水平位移的计算

分析地铁隧道开挖引起的桩身处土体自由水平位移时，采用以下假定：

（1）土体视为连续均质弹性体。

（2）不考虑轴力的影响。

（3）将基于 Pasternak 地基模型视桩为弹性地基梁。

桩土间相互作用采用连续分布的弹簧模拟，桩土间不发生分离，满足变形协调条件。地铁隧道开挖对邻近单桩水平方向影响性分析计算如图 4-16 所示，其中，Q_0 为桩顶处节点所受水平力，M_0 为桩顶处节点所受弯矩。桩底采用链杆连接。

根据弹性地基梁计算公式可得到土体水平向位移对桩身影响的水平控制方程：

$$EI\frac{\mathrm{d}^4 y_m(z)}{\mathrm{d}z^4} - G\frac{\mathrm{d}^2 y_m}{\mathrm{d}z^2} + ky_m(z) = -kS_x(z) \tag{4-79}$$

式中：$y_m(z)$ 为地铁隧道开挖引起的桩基水平位移；$S_x(z)$ 为土体水平位移。

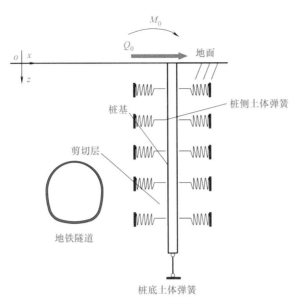

图 4-16　单桩水平位移计算简图

将分层地基中的单桩按桩长分为 n 等份，将式（4-73）代入式（4-77）可得有限差分表达式：

$$y_{\mathrm{m},i-2}-\left(4+\frac{Gh^2}{EI}\right)y_{\mathrm{m},i-1}+\left(6+2\frac{Gh^2}{EI}+\frac{kh^4}{EI}\right)y_{\mathrm{m},i}-\left(4+\frac{Gh^2}{EI}\right)y_{\mathrm{m},i+1}+y_{\mathrm{m},i+2}=-\frac{kh^4}{EI}S_{z,i}$$

（4-80）

地铁隧道开挖对桩基水平影响的差分方程为：

$$[K_{\mu\mathrm{x}}]\{y_{\mathrm{m}}\}=[K_{\delta\mathrm{x}}]\{S_{\mathrm{x}}\}+\{F_{\mathrm{x}}\}$$

（4-81）

式中：$[K_{\mu\mathrm{x}}]$ 为桩基水平向刚度矩阵；$\{F_{\mathrm{x}}\}$ 为桩基水平向外荷载列向量；$\{y_{\mathrm{m}}\}$ 为隧道开挖过程中桩身节点水平向位移列向量，$\{y_{\mathrm{m}}\}=[y_{\mathrm{m},0},y_{\mathrm{m},1},\cdots,y_{\mathrm{m},i},\cdots,y_{\mathrm{m},n-1},y_{\mathrm{m},n}]T$；$\{S_{\mathrm{x}}\}$ 为隧道开挖时在桩身相应位置处的土体水平向自由位移列向量，采用 LOGANATHAN 等提出的公式（4-82）计算，$\{S_{\mathrm{x}}\}=[S_{\mathrm{x},0},S_{\mathrm{x},1},\cdots,S_{\mathrm{x},i},\cdots,S_{\mathrm{x},n-1},S_{\mathrm{x},n}]T$；$[K_{\delta\mathrm{x}}]$ 为土体水平向刚度矩阵。

$$S_{\mathrm{x}}=-R^2x\left\{\frac{1}{x^2(H-z)^2}+\frac{3-4v}{x^2(H+z)^2}-\frac{4z(z+H)}{[x^2+(H+z)^2]^2}\right\}\frac{4gR+g^2}{4R^2}\cdot e^{-\frac{1.38x^2}{(H+R)^2}-\frac{0.69z^2}{H^2}}$$

（4-82）

$$[K_{\delta\mathrm{x}}]=\left\{\begin{matrix}k_{\delta\mathrm{x},0}&&&&\\&k_{\delta\mathrm{x},1}&&&\\&&\ddots&&\\&&&k_{\delta\mathrm{x},(n-1)}&\\&&&&k_{\delta\mathrm{x},n(n+1)(n+1)}\end{matrix}\right\}$$

（4-83）

式中：$k_{\delta\mathrm{x},i}=-\dfrac{kh^4}{EI}$，$0\leqslant i\leqslant n$。

可得分层地基中隧道开挖引起的邻近单桩水平位移为 $\{y_m\}=[K_{\mu x}]-1([K_{\delta x}]\{S_x\}+\{F_x\})$。

将上述公式进行计算机编程，可得出 Pasternak 地基中地铁隧道不排水开挖时引起的单桩竖向和水平位移。

4.5.4 桩基托换受力的简化计算公式

不考虑桩基托换，单桩竖向极限承载力 Q_u 由单桩桩侧总极限摩擦阻力 Q_{su} 和桩端总极限阻力 Q_{bu} 组成，忽略二者的相互影响，可以表示为：

$$Q_u=Q_{su}+Q_{bu} \tag{4-84}$$

单桩承载力特征值 R_a 为：

$$R_a=\frac{Q_u}{K} \tag{4-85}$$

式中：K 为安全系数，取 2。

在隧道未开挖前，单根桩基主要受到的荷载 Q_k 为建筑物基础底面的压力 F_k 和桩基础承台及承台上土的自重标准值 G_k，即：

$$Q_k=\frac{F_k+G_k}{n} \tag{4-86}$$

式中：n 为桩基根数。

考虑偏心竖向力作用下，单根桩基受力 Q_{ik} 为：

$$Q_{ik}=\frac{F_k+G_k}{n}\pm\frac{M_{xk}y_i}{\sum y_i^2}\pm\frac{M_{yk}x_i}{\sum x_i^2} \tag{4-87}$$

式中：M_{xk} 和 M_{yk} 相当于标准组合作用于承台底面的外力对通过桩群形心的 x、y 轴的力矩。x_i 和 y_i 分别为桩 i 至通过桩群形心的 y、x 轴线的距离。

水平力作用标准组合下，作用于承台底面任一单桩的水平力 H_{ik} 为：

$$H_{ik}=\frac{H_k}{n} \tag{4-88}$$

式中：H_k 相当于作用的标准组合时，作用于承台底面的水平力。

单桩承载力主要通过静载荷试验和土的抗剪强度指标确定。关于单桩竖向静载荷试验方法，终止加载条件以及单桩竖向极限承载力的确定详见《建筑地基基础设计规范》GB 50007—2011 附录 Q。

按照土力学原理确定单桩极限承载力是国外常采用的一种方式，对于黏性土，短期极限承载力可以表示为：

$$Q_u=u_p\sum c_{ai}l_i+c_uN_cA_p \tag{4-89}$$

式中：u_p 和 c_u 为计算系数；c_{ai} 为黏聚力值；l_i 为桩身周长；N_c 为桩端承载力极限值；A_p 为桩截面面积。

现行国家标准《建筑地基基础设计规范》GB 50007—2011 规定，单桩竖向承载力特征值应通过单桩竖向静载荷试验确定。对建筑物设计等级为丙级的建筑物，可采用精力触探及标准贯入试验确定。当进行初步设计时可以按照下式估算：

$$R_a=q_{pa}A_p+u_p\sum q_{sia}l_i \tag{4-90}$$

式中：R_a 为单桩竖向承载力特征值；q_{pa} 和 q_{sia} 为桩端阻力和桩侧阻力特征值，由当地静载荷试验结合统计分析得到。当桩长较短且入岩较浅时，单桩承载力特征值可以按照下式估算：

$$R_a = q_{pa} A_p \tag{4-91}$$

其中，q_{pa} 可按照《建筑地基基础设计规范》GB 50007—2011 附录 H 用岩基荷载试验方法确定，或者根据室内岩石饱和单轴抗压强度标准值按下式计算：

$$f_a = \psi_r f_{rk} \tag{4-92}$$

式中：f_a 为岩石地基承载力特征值；f_{rk} 为岩石饱和单轴抗压强度标准值（kPa），可按照《建筑地基基础设计规范》GB 50007—2011 附录 J 确定；ψ_r 为折减系数。

根据岩体完整程度以及结构面的间距、宽度、产状和组合，由地方经验确定。无经验时，对完整岩体可取 0.5；对较完整岩体可取 0.2～0.5；对较破碎岩体可取 0.1～0.2。当桩基托换后，桩基的长度由 H_0 变化为 H_j，需要由托换支架承担的荷载为：

$$F_a = q_{pa} A_p + u_p \sum_{H_j}^{H} q_{sia} l_i \tag{4-93}$$

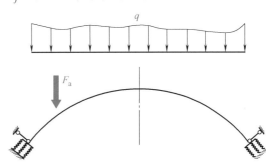

托换拱架受力计算示意图如图 4-17 所示。

对于托换拱架受到的地层压力荷载，采用地层结构的方法进行计算。图 4-18 所示为非对称问题的计算简图及基本结构，取全拱作为基本计算结构。拱的内力和拱脚变位的正负号规定与对称问题相同。

图 4-17 托换拱架受力计算示意图

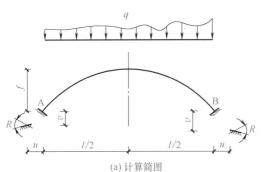

(a) 计算简图

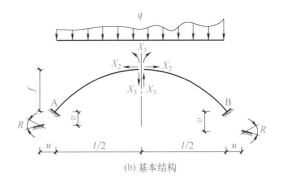

(b) 基本结构

图 4-18 非对称问题的计算简图及基本结构

根据拱顶截面处的相对转角、相对水平位移和垂直位移为零的条件，可建立变形协调方程式为：

$$\begin{cases} X_1 \delta_{11} + X_2 \delta_{12} + \Delta_{1p} + (\beta_{0L} + \beta_{0R}) = 0 \\ X_1 \delta_{21} + X_2 \delta_{22} + \Delta_{2p} + (u_{0L} + u_{0R}) + f(\beta_{0L} + \beta_{0R}) = 0 \\ X_3 \delta_{33} + \Delta_{3p} + (v_{0L} + v_{0R}) + \dfrac{l}{2}(\beta_{0R} - \beta_{0L}) = 0 \end{cases} \tag{4-94}$$

式中：拱脚截面的总弹性转角、总水平位移、总垂直位移分别为 β_{0L}、u_{0L}、v_{0L}（左拱脚）和 β_{0R}、u_{0R}、v_{0R}（右拱脚），其中 $\delta_{13} = \delta_{31} = \delta_{23} = \delta_{32} = 0$。根据位移叠加原理，可求得 β_{0L}、u_{0L}、v_{0L} 及 β_{0R}、u_{0R}、v_{0R} 的表达式为：

$$
\begin{cases}
\beta_{0L} = X_1 \beta_{1L} + X_2 (\beta_{2L} + f\beta_{1L}) + X_3 \left(\beta_{3L} + \dfrac{l}{2}\beta_{1L}\right) + \beta_{pL} \\[2mm]
\beta_{0R} = X_1 \beta_{1R} + X_2 (\beta_{2R} + f\beta_{1R}) + X_3 \left(\beta_{3R} + \dfrac{l}{2}\beta_{1R}\right) + \beta_{pR} \\[2mm]
u_{0L} = X_1 u_{1L} + X_2 (u_{2L} + fu_{1L}) + X_3 \left(u_{3L} + \dfrac{l}{2}u_{1L}\right) + u_{pL} \\[2mm]
u_{0R} = X_1 u_{1R} + X_2 (u_{2R} + fu_{1R}) + X_3 \left(u_{3R} + \dfrac{l}{2}u_{1R}\right) + u_{pR} \\[2mm]
\upsilon_{0L} = X_1 \upsilon_{1L} + X_2 (\upsilon_{2L} + f\upsilon_{1L}) + X_3 \left(\upsilon_{3L} + \dfrac{l}{2}\upsilon_{1L}\right) + \upsilon_{pL} \\[2mm]
\upsilon_{0R} = X_1 \upsilon_{1R} + X_2 (\upsilon_{2R} + f\upsilon_{1R}) + X_3 \left(\upsilon_{3R} + \dfrac{l}{2}\upsilon_{1R}\right) + \upsilon_{pR}
\end{cases}
\tag{4-95}
$$

式中：υ_{1L}、υ_{2L}、υ_{3L} 为左拱脚截面处作用有 M_A、H_A、$V_A=1$ 时，该截面的垂直位移；υ_{1R}、υ_{2R}、υ_{3R} 为右拱脚截面处作用有 M_A、H_A、$V_A=1$ 时，该截面的垂直位移；υ_{pL}、υ_{pR} 为外荷载作用下，基本结构左、右拱脚截面的垂直位移。同样地；$\beta_{1L}\sim\beta_{pL}$、$u_{1R}\sim u_{pR}$ 为左、右拱脚的弹性固定系数。

联立公式（4-94）和公式（4-95），并注意利用位移互等定理，经整理后可得到求解多余未知力 X_1、X_2、X_3 的方程组为：

$$
\begin{cases}
a_{11}X_1 + a_{12}X_2 + a_{13}X_3 = 0 \\
a_{21}X_1 + a_{22}X_2 + a_{23}X_3 = 0 \\
a_{31}X_1 + a_{32}X_2 + a_{33}X_3 = 0
\end{cases}
\tag{4-96}
$$

式中：系数 a_{ik} 等的物理含义同前。

解方程组（4-96），得到拱顶截面的多余未知力为：

$$
X_1 = \frac{\begin{vmatrix} -a_{10} & a_{12} & a_{13} \\ -a_{20} & a_{22} & a_{23} \\ -a_{30} & a_{32} & a_{33} \end{vmatrix}}{\begin{vmatrix} a_{11} & a_{12} & a_{13} \\ a_{21} & a_{22} & a_{23} \\ a_{31} & a_{32} & a_{33} \end{vmatrix}}; \quad
X_2 = \frac{\begin{vmatrix} a_{11} & -a_{10} & a_{13} \\ a_{21} & -a_{20} & a_{23} \\ a_{31} & -a_{30} & a_{33} \end{vmatrix}}{\begin{vmatrix} a_{11} & a_{12} & a_{13} \\ a_{21} & a_{22} & a_{23} \\ a_{31} & a_{32} & a_{33} \end{vmatrix}}; \quad
X_3 = \frac{\begin{vmatrix} a_{11} & a_{13} & a_{10} \\ a_{21} & a_{23} & a_{20} \\ a_{31} & a_{33} & a_{30} \end{vmatrix}}{\begin{vmatrix} a_{11} & a_{12} & a_{13} \\ a_{21} & a_{22} & a_{23} \\ a_{31} & a_{32} & a_{33} \end{vmatrix}}
\tag{4-97}
$$

拱顶截面的多余未知力求出后，按静力平衡条件即可计算出拱圈任意截面 i 的内力，即

$$
\begin{cases}
M_i = X_1 + X_2 \cdot y_i \pm X_3 x_i + M_{ip}^0 \\
N_i = X_2 \cos\varphi_i \pm X_3 \sin\varphi_i + N_{ip}^0 \\
Q_i = \pm X_2 \sin\varphi_i + X_3 \cos\varphi_i + Q_{ip}^0
\end{cases}
\tag{4-98}
$$

式中：M_{ip}^0、N_{ip}^0、Q_{ip}^0 分别为基本结构在外荷载作用下，截面 i 处产生的弯矩、轴力和剪力；φ_i 为截面 i 与竖直线间的夹角。弯矩 M_i 以截面内缘受拉为正，轴力 N_i 以截面受压为正，剪力 Q_i 以使曲梁顺时针转动为正。

公式（4-98）为非对称问题的表达式，公式中的正负号分别代表计算左半拱和右半

拱，计算对称问题时可令 $X_3 = 0$。

求得单位位移和荷载引起的位移后，由拱顶截面变形协调方程可知，要获得多余未知力的解，尚需求出拱脚弹性固定系数。

根据局部变形理论和支承面仍为平面的假定，认为拱脚与支承面间的摩擦力足够大，可以平衡该面上的剪力，即不产生沿该面方向的变位。当单位弯矩作用在拱脚地层上时（图 4-19），地层支承面便绕中心点转动 β 角，拱脚边缘处地层应力为：

$$\sigma = \frac{M}{W} = \frac{6}{bd_j^2} \tag{4-99}$$

式中：b、d_j 分别为拱脚截面宽度和厚度。

又由局部变形理论 $\sigma = Ky$ 及 $\tan\beta = \dfrac{y}{d_j/2} \approx \beta$ 可得：

$$\beta = \frac{1}{KI_j} \tag{4-100}$$

式中：I_j 为拱脚截面的惯性矩；K 为围岩弹性抗力系数；其余符号含义同前。

在单位弯矩作用下，因拱脚处无线位移，故水平及垂直位移均为零，这时的拱脚弹性固定系数 $u = v = 0$。

当单位轴力作用在拱脚岩层上时（图 4-19），拱脚截面只产生沿轴向的沉陷，这时地层的正应力为：

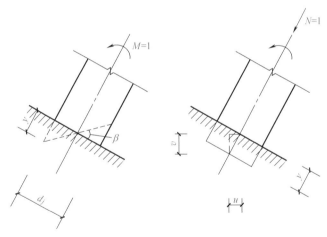

图 4-19　拱脚截面单位变量计算

$$\sigma = \frac{1}{bd_j} \tag{4-101}$$

由局部变形理论

$$y = \frac{\sigma}{K} = \frac{1}{Kbd_j} \tag{4-102}$$

所以有

$$\begin{cases} u = \dfrac{\cos\varphi_j}{Kbd_j} \\[2mm] v = \dfrac{\sin\varphi_j}{Kbd_j} \end{cases} \tag{4-103}$$

在单位轴力作用下的弹性固定系数 $\beta=0$。

当外荷载作用下产生的弯矩和轴力作用在拱脚岩层上时，若基本结构拱脚处的弯矩和轴力分别为 M_p^0 和 N_p^0，利用叠加原理，这时的拱脚弹性固定系数为：

$$\begin{cases} \beta_p = M_p^0 \beta = \dfrac{M_p^0}{KI_j} \\[3mm] u_p = M_p^0 u + \dfrac{N_p^0 \cos\varphi_j}{Kd_j b} = \dfrac{N_p^0 \cos\varphi_j}{Kd_j b} \\[3mm] v_p = M_p^0 + \dfrac{N_p^0 \sin\varphi_j}{Kd_j b} = \dfrac{N_p^0 \sin\varphi_j}{Kd_j b} \end{cases} \quad (4\text{-}104)$$

对于集中荷载，则采用集中荷载作用在无铰拱上进行计算。计算简图如图 4-20 所示。

采用弹性中心法进行计算。为了简化计算，选择对称的基本结构，力法方程简化为两组独立的方程，即：

$$\begin{cases} \delta_{11} X_1 + \delta_{12} X_2 + \Delta_{1p} = 0 \\ \delta_{21} X_1 + \delta_{22} X_2 + \Delta_{2p} = 0 \\ \delta_{33} X_3 + \Delta_{3p} = 0 \end{cases} \quad (4\text{-}105)$$

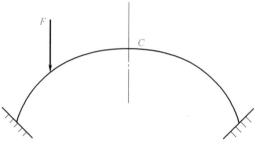

图 4-20　集中荷载作用于拱架的计算简图

利用刚臂进一步使余下的一对副系数 δ_{12} 和 δ_{21} 也等于零，从而使力法方程进一步简化为三个独立的一元一次方程：

$$\begin{cases} \delta_{11} X_2 + \Delta_{1p} = 0 \\ \delta_{22} X_2 + \Delta_{2p} = 0 \\ \delta_{33} X_3 + \Delta_{3p} = 0 \end{cases} \quad (4\text{-}106)$$

副系数 δ_{12} 的算式如下：

$$\delta_{12} = \sum \int \frac{\overline{M}_1 \overline{M}_2}{EI} ds + \sum \int \frac{\overline{F}_{N1} \overline{F}_{N2}}{EA} ds + \sum \int \frac{\mu \overline{F}_{Q1} \overline{F}_{Q2}}{GA} ds \quad (4\text{-}107)$$

式中：

$$\begin{cases} \overline{M}_1 = 1, \overline{F}_{N1} = 0, \overline{F}_{Q1} = 0 \\ \overline{M}_2 = y - y_s, \overline{F}_{N2} = -\cos\varphi, \overline{F}_{Q2} = \sin\varphi \end{cases} \quad (4\text{-}108)$$

式中：y_s 为刚臂长度；φ 为截面处拱轴切线与水平线之间的夹角，在右半拱取正，左半拱取负。

解得 δ_{12} 为：

$$\delta_{12} = \delta_{21} = \int \frac{y}{EI} ds - y_s \int \frac{1}{EI} ds \quad (4\text{-}109)$$

令 $\delta_{12} = \delta_{21} = 0$，便可得到刚臂长度 y_s 为：

$$y_s = \frac{\displaystyle\int \frac{y}{EI} ds}{\displaystyle\int \frac{1}{EI} ds} \quad (4\text{-}110)$$

其中，当计算系数和自由项时，可忽略轴向变形和剪切变形的影响，只考虑弯曲变形一项。但当拱轴线接近合理拱轴时，或者拱高 $f<l/5$ 时，或者拱高 $f>l/5$ 且拱顶截面高度 $h_c>l/10$ 时，还需要考虑轴力对 δ_{22} 的影响。即：

$$
\begin{cases}
\delta_{11} = \int \dfrac{\overline{M}_1^2}{EI}\,\mathrm{d}s = \int \dfrac{1}{EI}\,\mathrm{d}s \\[3mm]
\delta_{22} = \int \dfrac{\overline{M}_2^2}{EI}\,\mathrm{d}s + \int \dfrac{\overline{F}_{\mathrm{N2}}^2}{EA}\,\mathrm{d}s = \int \dfrac{(y-y_s)^2}{EI}\,\mathrm{d}s + \int \dfrac{\cos^2\varphi}{EA}\,\mathrm{d}s \\[3mm]
\delta_{33} = \int \dfrac{\overline{M}_3^2}{EI}\,\mathrm{d}s = \int \dfrac{x^2}{EI}\,\mathrm{d}s \\[3mm]
\Delta_{1p} = \int \dfrac{\overline{M}_1 M_p}{EI}\,\mathrm{d}s \\[3mm]
\Delta_{2p} = \int \dfrac{\overline{M}_2 M_p}{EI}\,\mathrm{d}s \\[3mm]
\Delta_{3p} = \int \dfrac{\overline{M}_3 M_p}{EI}\,\mathrm{d}s
\end{cases}
\tag{4-111}
$$

由力法方程算出多余未知力 X_1、X_2 和 X_3 后，即可采用隔离体的平衡条件或者内力叠加公式求得：

$$
\left.
\begin{aligned}
M &= X_1 + X_2(y-y_s) + X_3 x + M_p \\
F_Q &= X_2\sin\varphi + X_3\cos\varphi + F_{Qp} \\
F_N &= -X_2\cos\varphi + X_3\sin\varphi + F_{Np}
\end{aligned}
\right\}
\tag{4-112}
$$

式中：M_p、F_{Qp} 和 F_{Np} 分别为基本结构在荷载作用下该截面的弯矩、剪力和轴力。

4.6 矿山法隧道开挖对桩基影响的数值模型分析

采用第 3 章的计算模型，并在底部增加 10m 左右，以满足桩长超过隧道的埋深。根据建筑的要求不同，设置两种类型的桩：一种桩长为 10m，一般在低楼层中使用较为广泛；另一种桩长为 30m，在中高楼层中使用较为广泛。图 4-21 为桩身在地铁隧道上部几何模型图。桩所受到的荷载为 700kN。桩在沿隧道走向方向的间距为 4m，在垂直隧道走向方向的间距为 5m。隧道开挖后桩身应力云图如图 4-22 所示。由图 4-22可知，隧道开挖后，桩身的应力受到了一定的改变，当隧道全部开挖后，桩身的最大受力为开挖前的 1.1 倍左右。

图 4-23 为桩身穿过地铁隧道上部几何模型图。图 4-24 为隧道开挖后桩身应力云图。由图 4-24 可知，隧道开挖后，桩身内的最大荷载由 700kN 依

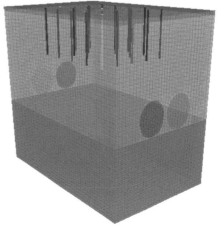

图 4-21 桩身在地铁隧道上部几何模型图

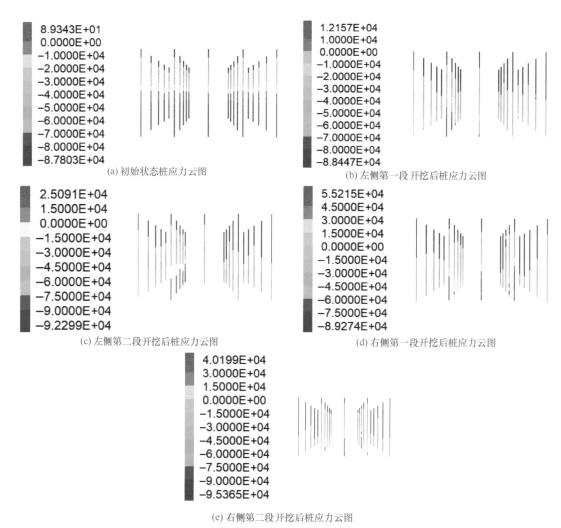

(a) 初始状态桩应力云图

(b) 左侧第一段开挖后桩应力云图

(c) 左侧第二段开挖后桩应力云图

(d) 右侧第一段开挖后桩应力云图

(e) 右侧第二段开挖后桩应力云图

图 4-22　隧道开挖后桩身应力云图（隧道位于桩基以下）

次增大为 4400kN、7600kN。开挖结束后桩身内的最大荷载是开挖前桩身内最大荷载的 5 倍以上，极易造成桩的应力集中和桩身的破坏，使建筑发生不均匀沉降。

　　图 4-25 为隧道开挖后桩身竖直应力云图。由图可知，隧道开挖后，隧道顶部的受力由于应力拱效应，隧道的竖直应力朝着隧道的两侧转移。由于采用的是小净距隧道开挖方式，隧道周边的应力在中夹岩柱处集中，最大的竖向应力由 730kN 增大至 790kN。根据计算结果，如果桩基与岩土体之间的粘结不发生滑移，且桩身的刚度足够大，地下隧道开挖后，长桩的沉降小于 3mm。然而在实际情况中，受到地下

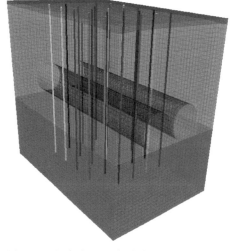

图 4-23　桩身穿过地铁隧道上部几何模型图

水等因素的影响和开挖扰动等诸多因素的影响，桩身与岩土体之间的粘结会受到损伤，因此实际位移可能会远大于数值计算得到的位移值。

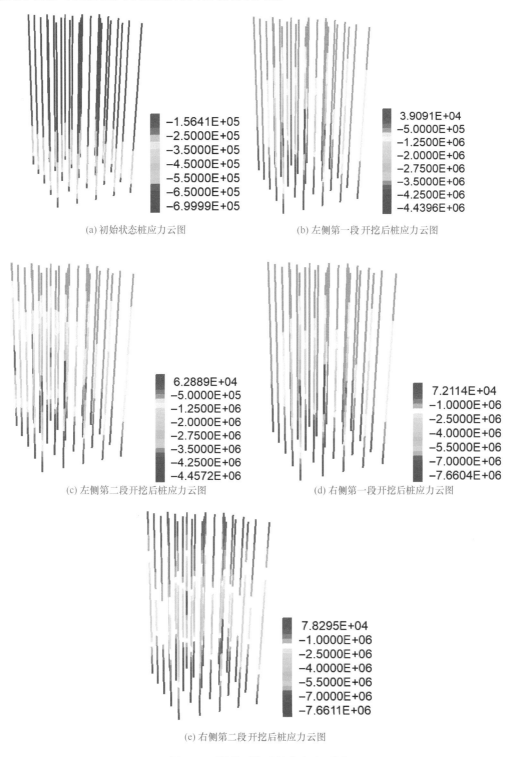

(a) 初始状态桩应力云图

(b) 左侧第一段开挖后桩应力云图

(c) 左侧第二段开挖后桩应力云图

(d) 右侧第一段开挖后桩应力云图

(e) 右侧第二段开挖后桩应力云图

图 4-24　隧道开挖后桩身应力云图

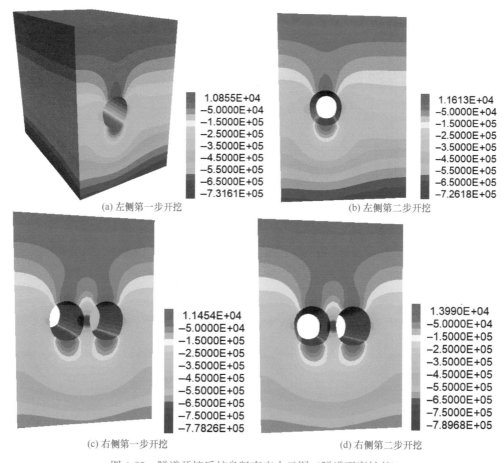

(a) 左侧第一步开挖

(b) 左侧第二步开挖

(c) 右侧第一步开挖

(d) 右侧第二步开挖

图 4-25　隧道开挖后桩身竖直应力云图（隧道下穿桩基）

4.7　桩基托换过程数值分析

4.7.1　数值模拟模型

隧道开挖过程中将改变桩土的相互作用，造成桩的应力改变，从而导致桩的变形。为了控制桩身的变形，可以通过改变支撑拱架的强度、注浆加固桩身周边的土体等方面进行控制。本节通过数值模拟的方式研究两种控制方式对桩体位移的控制效果，建立的数值分析模型如图 4-26、图 4-27 所示。模型长 70m、宽 21m、高 40m，桩和土之间采用 Interface 界面，接触面单元参数见表 4-6。

接触面单元参数　　　　　　　　　　　　表 4-6

接触面名称	切向刚度 （kN·m⁻³）	法向刚度 （kN·m⁻³）	摩擦角 （°）	黏聚力 （kPa）
桩-黏土接触面	3.2e7	3.2e7	25	4
桩-卵石土接触面	4.5e7	4.5e7	30	0
桩-花岗岩接触面	1.4e8	1.4e8	30	25
桩-套拱接触面	2.0e8	2.0e8	—	—

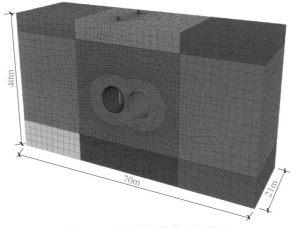

图 4-26 桩基托换数值分析模型

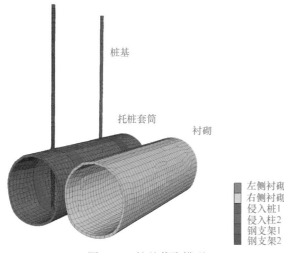

左侧衬砌
右侧衬砌
侵入桩1
侵入柱2
钢支架1
钢支架2

图 4-27 桩基截取模型

4.7.2 数值模拟结果

根据隧道的工况设计，每步开挖的长度为7m，先开挖桩基侵入一侧的隧道（左侧隧道），后开挖右侧隧道。每侧隧道分为3步开挖，每步开挖后位移和支护结构受力分布如图4-28～图4-33所示。由图可知，隧道第三步开挖后，拱底位移以上隆位移为主，从第一步开挖的6.3cm增大至7.24cm，位移增大量为0.94cm，说明在开挖过程中，由于应力的释放，增大了拱底的上隆，但是拱底的位移量较小，主要体现在首次开挖的过程中。沿隧道拱顶向上至地表，岩土体的最大竖向位移由第一步开挖的5.65cm增大至7.12cm，从第一步开挖后增大的位移值为1.57cm，说明隧道开挖后的沉降量较大，结合隧道轴向方向的位移分布显示，地表的最大沉降达到4cm，因此需要对开挖过程中地表位移变化进行监测，防止开挖造成的地表沉降和地面裂缝对地面建筑物的破坏。左侧和右侧的位移分布显示，先开挖的左侧隧道后期位移较小，因此在截桩之前，应先超前开挖截桩一侧隧道，后开挖另外一侧。支护结构处的绝对位移为7cm左右，主要是因为开挖之前造成的下沉。超前支护锚杆最大拉力为2.07kN，锚杆拉力处于安全范围内。

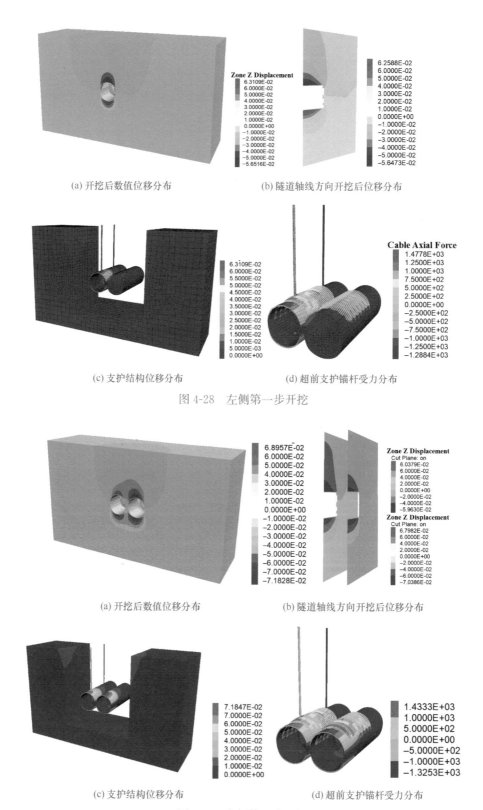

(a) 开挖后数值位移分布　　　　　　(b) 隧道轴线方向开挖后位移分布

(c) 支护结构位移分布　　　　　　(d) 超前支护锚杆受力分布

图 4-28　左侧第一步开挖

(a) 开挖后数值位移分布　　　　　　(b) 隧道轴线方向开挖后位移分布

(c) 支护结构位移分布　　　　　　(d) 超前支护锚杆受力分布

图 4-29　右侧第一步开挖

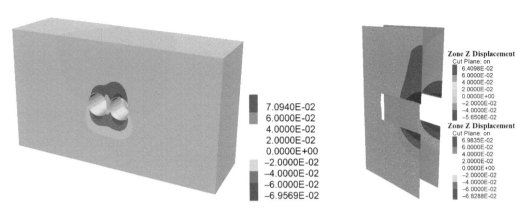

(a) 开挖后数值位移分布　　　　　　　(b) 隧道轴线方向开挖后位移分布

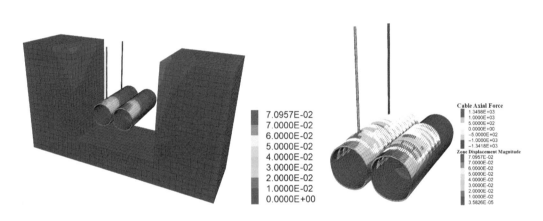

(c) 支护结构位移分布　　　　　　　　(d) 超前支护锚杆受力分布

图 4-30　左侧第二步开挖

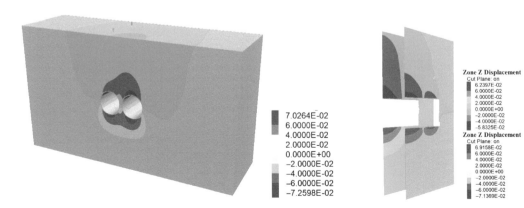

(a) 开挖后数值位移分布　　　　　　　(b) 隧道轴线方向开挖后位移分布

图 4-31　右侧第二步开挖（一）

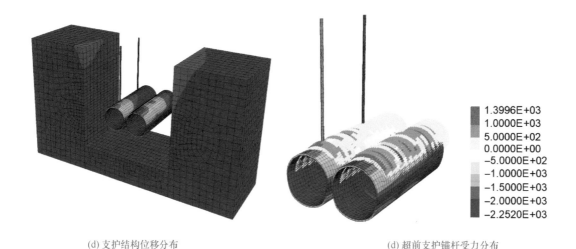

(d) 支护结构位移分布　　　　　　　　　(d) 超前支护锚杆受力分布

图 4-31　右侧第二步开挖（二）

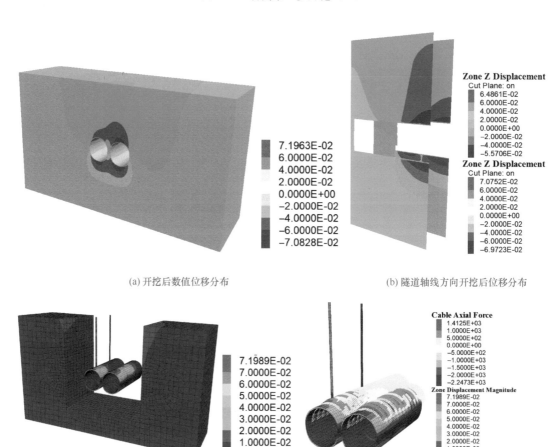

(a) 开挖后数值位移分布　　　　　　　　(b) 隧道轴线方向开挖后位移分布

(c) 支护结构位移分布　　　　　　　　　(d) 超前支护锚杆受力分布

图 4-32　左侧第三步开挖

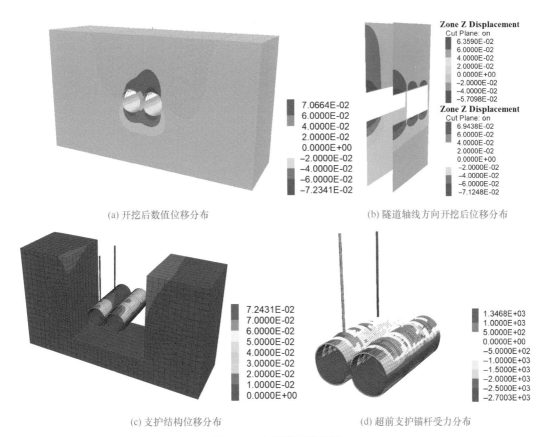

(a) 开挖后数值位移分布

(b) 隧道轴线方向开挖后位移分布

(c) 支护结构位移分布

(d) 超前支护锚杆受力分布

图 4-33 右侧第三步开挖

隧道开挖后，不同深度桩基位移分布如图 4-34 所示。由图 4-34 可知，在开挖过程中，垂直隧道轴线方向的位移明显大于沿隧道轴线方向的位移。在第三步开挖结束后，垂直隧道轴线方向的最大位移为 11.48mm，沿隧道轴线方向的最大位移为 4.07mm。竖直

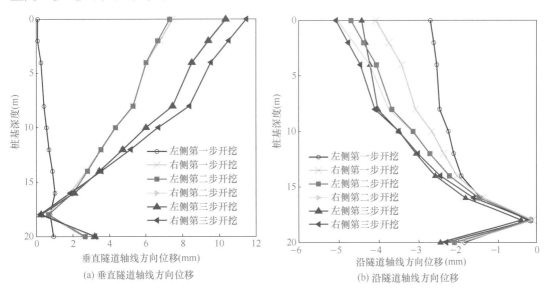

(a) 垂直隧道轴线方向位移

(b) 沿隧道轴线方向位移

图 4-34 桩基位移曲线（一）

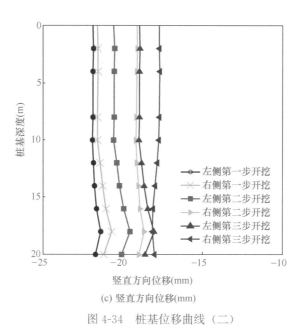

(c) 竖直方向位移(mm)

图 4-34 桩基位移曲线（二）

方向第一步开挖后的最大位移为 17.7mm，第三步开挖后的最大位移为 20.54mm，说明竖向位移主要出现在上阶段开挖，为了避免上阶段开挖导致周边出现过大位移，建议在上阶段开挖时，对下一步开挖岩体进行超前支护。第三步开挖后各方向位移值见表 4-7。

第三步开挖后位移表（单位：mm）   表 4-7

垂直隧道轴线方向位移	沿隧道轴线方向位移	竖直方向位移	垂直隧道轴线方向位移	沿隧道轴线方向位移	竖直方向位移
11.48	−4.07	−20.54	5.17	−2.38	−20.36
10.52	−3.75	−20.49	3.57	−2.03	−20.17
9.55	−3.43	−20.51	1.87	−1.37	−19.91
8.39	−3.08	−20.52	0.22	−0.10	−19.51
6.71	−2.67	−20.53	3.23	−1.93	−20.06

4.8 总结

基于 FLAC3D 数值分析软件，对浅基础下隧道开挖和隧道下穿桩基础两种形式进行了模拟分析。当桩基础在隧道的上部时，隧道的开挖如果不会大幅度地影响地表沉降，则隧道开挖对桩身的受力和变形影响较小。当隧道下穿桩基时，桩身内的最大受力是开挖前的 5 倍以上，极易引起桩基的破坏。隧道开挖后，由于应力拱效应，中夹岩柱内的应力出现较大的集中，开挖后中夹岩柱内的竖直应力是开挖前的 2 倍左右，在施工过程中，需要进行重点加固。由于地表的最大沉降达到 4cm，需要对开挖过程中地表位移变化进行监测，防止开挖造成的地表沉降和地面裂缝对地面建筑物的破坏。左侧和右侧的位移分布显示，先开挖的左侧隧道后期位移较小，因此在截桩之前，应先超前开挖截桩一侧隧道，后开挖另外一侧。隧道开挖后，竖直方向位移主要出现在上阶段开挖，为了避免上阶段开挖导致周边出现过大位移，建议在上阶段开挖时，对下一步开挖岩体进行超前支护。

第5章 ▶▶

富水软弱地层矿山法隧道下穿建筑物桩基影响分析

5.1 桩基托换方案研究

下穿桩基段对管桩采用洞内套拱托换措施，共托换管桩 16 根。初期支护厚度为 300mm，托换套拱厚 300mm，采用型钢混凝土，二次衬砌厚度为 300～350mm。开挖工法均采用台阶＋临时仰拱。

采用地表旋喷桩止水帷幕＋降水＋袖阀管注浆施工技术，洞内采用水平旋喷＋内插大管棚＋全断面注浆措施后，主动桩基托换原有侵入隧道内桩基，桩基参数见表 5-1，桩基布置如图 5-1 所示。

桩基参数表 表 5-1

序号	图例	桩径(mm)	单桩承载力特征值(kN)	桩顶标高(m)	根数
1	⊕	400	650	0.100	36
2	⊕	400	650	−1.800	24

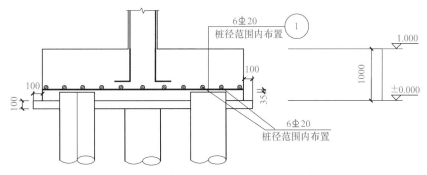

图 5-1 桩基布置图（尺寸单位：mm，高程单位：m）

具体加固措施如下：

（1）于矿山法段隧道南北侧设置 4 排地表旋喷桩止水帷幕，两端与车站及盾构井围护结构相连形成隔水帷幕，并在隔水帷幕内设置降水井，内排旋喷桩隔桩设置微型桩支护，查验台西侧再设置 4 排旋喷桩隔水帷幕（图 5-2）。

（2）隧道拱顶 180°范围内采取双排水平旋喷桩＋ϕ159 大管棚＋全断面注浆加固措施。

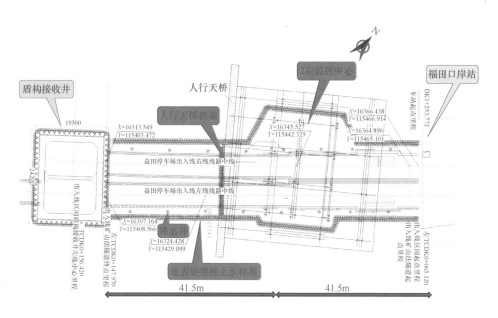

图 5-2　加固平面图

水平旋喷桩及大管棚分别于福田口岸站及盾构接收井之间，每循环 15m 搭接 5m。钻孔过程中尽量避开桩基设置，因避让桩基无法设置处，打设双排小导管超前支护，并采取超前注浆措施（图 5-3、图 5-4）。

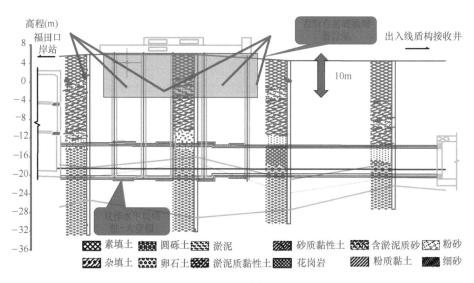

图 5-3　加固纵断面图

（3）加固查验台基础下土层至淤泥质砂层底 1m，采用袖阀管注浆，浆液采用水泥浆。

隧道两侧自地表至块状强风化花岗岩顶面下 1m 设置 4 排 $\phi 600@450$ 旋喷桩止水帷幕。地表旋喷桩帷幕内排旋喷桩中，设置 $\phi 300@900$ 微型桩，控制旋喷桩变形，以保证旋喷桩止水效果，微型桩内插 $\phi 180×7$ 钢管，内填充 C25 注浆混凝土。

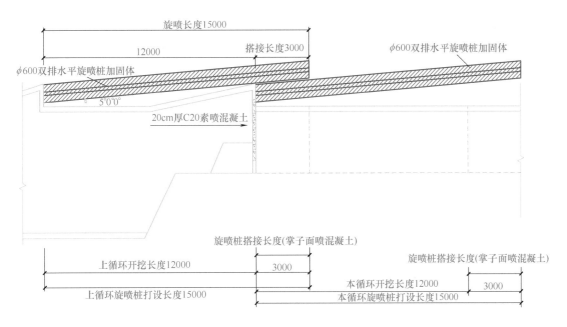

图 5-4 双排水平旋喷桩＋大管棚加固剖面图（单位：mm）

隧道拱顶 180°范围内设置 $\phi600@400$ 双排水平旋喷桩，上半断面掌子面设置 3 根水平旋喷桩（图 5-5）。

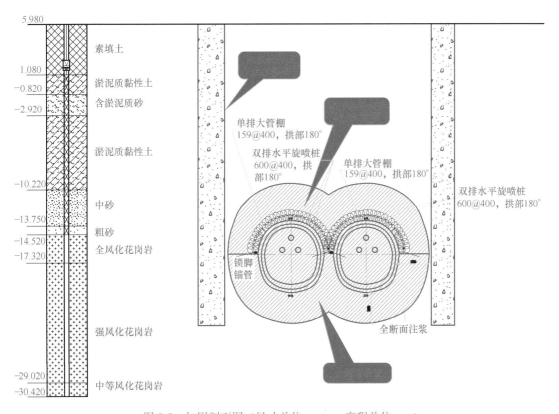

图 5-5 加固剖面图（尺寸单位：mm；高程单位：m）

　　洞内桩基托换施工方法的核心思路是利用隧道自身衬砌结构作为托换梁，为需要截除的侵入桩基提供端承力。本工程通过施加3层支护，包括初期支护、托桩套拱以及二次衬砌，从而增加隧道支护的刚度，提高隧道承载力，其中托桩套拱的具体施工工艺流程为：（1）进行降水、注浆加固等施工准备；（2）开挖至托换桩时及时施作初期支护；（3）施作钢托盘嵌入桩基，并施作托桩套拱钢拱架，将钢托盘与套拱钢架焊接在一起；（4）利用高强喷射混凝土施作托桩套拱；（5）待套拱强度达到设计强度，截除桩基，施作二次衬砌。托桩套拱施工工序如图5-6所示。桩基托换钢盘布置平面及剖面如图5-7～图5-9所示。

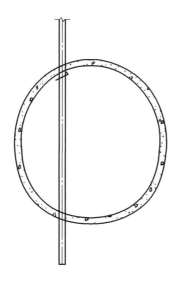

1. 隧道开挖，施作隧道初期支护，初期支护达到强度后，
施作托桩钢盘

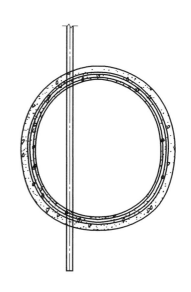

2. 托桩钢盘与桩牢固连接后，施作托桩套筒；将H型钢
与钢托盘焊接起来，之后再浇筑套筒混凝土

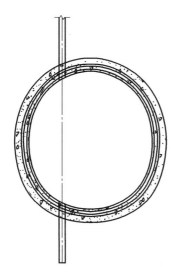

3. 托桩套筒混凝土达到设计强度后，截断侵入隧道内桩身

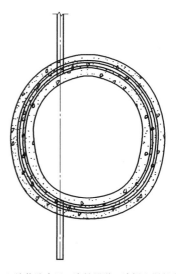

4. 施作防水层，浇筑隧道二次衬砌混凝土

图 5-6　托桩套拱施工工序图

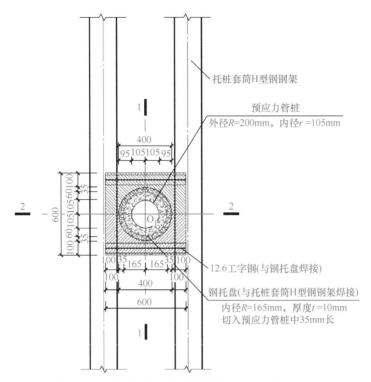

图 5-7　桩基托换钢盘布置平面图（尺寸单位：mm）

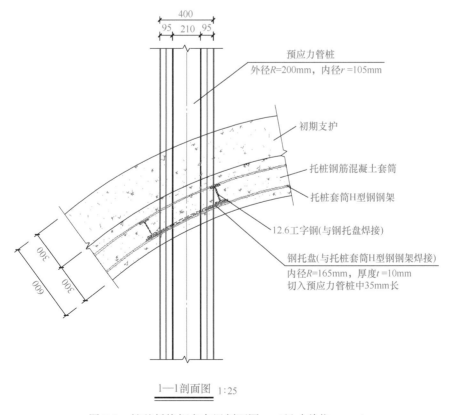

图 5-8　桩基托换钢盘布置剖面图一（尺寸单位：mm）

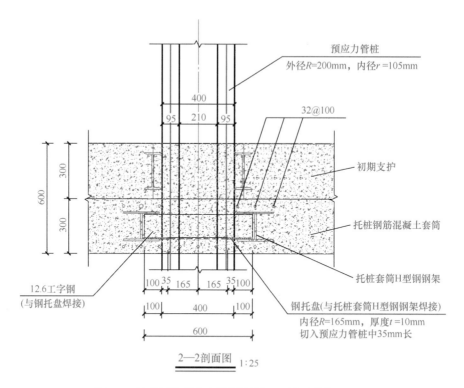

图 5-9　桩基托换钢盘布置剖面图二（尺寸单位：mm）

5.2　数值计算模拟分析

5.2.1　计算模型

1. 有限元模型

针对矿山法隧道下穿查验台基础施工过程对查验台的影响，通过建立三维有限元模型进行隧道开挖、桩基托换、隧道支护的模拟计算。

计算模型在水平方向（x 轴）上取 45m，在竖直方向（y 轴）上取 35m，纵向取 80m。模型四周约束为各面的法向位移约束，地表为自由面，模型底部设置竖向约束。三维有限元计算模型共划分单元 120749 个、节点 251666 个，具体模型如图 5-10、图 5-11 所示。

计算过程采用大型有限元软件 ANSYS 进行，均采用实体单元模拟。围岩在开挖过程中考虑其塑性变形，采用 Drucker-Prager 准则，而桩基础、承台、隧道衬砌仅考虑其弹性工作，采用线弹性本构关系。

2. 计算参数的选取

根据地质报告提供的参数对土层参数进行综合取值。承台采用 C30 钢筋混凝土，桩基采用 C80 钢筋混凝土，隧道衬砌采用 C35 钢筋混凝土。

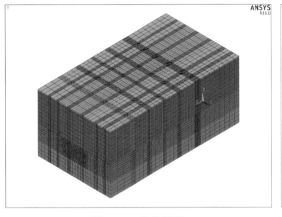
图 5-10 整体模型

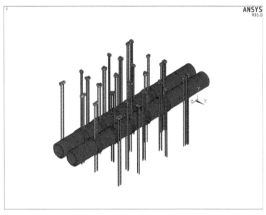
图 5-11 桩基础、承台及隧道衬砌模型

3. 计算荷载的施加

模型计算荷载主要包括：自重、土压力、上部荷载。自重取重力加速度 $g=9.8\text{m/s}^2$；上部荷载包括查验台建筑荷载（通过向承台施加荷载实现，按查验台原设计单桩承载力特征值 700kN、天桥原设计单桩承载力特征值 650kN 计算，每个三桩承台上部荷载为 1950kN，每个两桩承台上部荷载为 1300kN，每个天桥承台上部荷载为 700kN）和地面超载（$q=20\text{kPa}$）。

5.2.2 计算结果分析

最终工况基础沉降计算结果如图 5-12 所示，隧道穿越、桩基托换并完成隧道二次衬砌后，查验台基础最大沉降为 22.7mm。

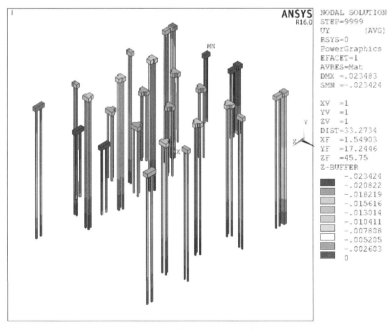
图 5-12 最终工况基础沉降云图

5.3 施工过程沉降位移分析

5.3.1 地基变形允许值

按照《建筑地基基础设计规范》GB 50007—2011 中建筑物沉降要求，建筑物地基变形允许值见表 5-2。在隧道开挖过程中，应该严格监测桩基的变形，结合各个部位开挖后的沉降变形规律，若出现沉降和倾斜可能超出允许变形值时，则需要及时调整施工方案，并对基础和岩土体进行加固或者提高隧道的支护强度。根据数值计算结果，对于框架结构，允许的沉降差为 $0.002l$，符合规范对沉降量控制的要求。

建筑物地基变形允许值　　　　　　　　　　　　　　表 5-2

变形特征		地基土类别	
		中、低压缩性土	高压缩性土
砌体承重结构基础的局部倾斜		0.002	0.003
工业与民用建筑相邻柱基的沉降差	框架结构	$0.002l$	$0.003l$
	砌体墙填充的边排柱	$0.007l$	$0.001l$
	当基础发生不均匀沉降时不产生附加应力的结构	$0.005l$	$0.005l$
单层排架结构(柱距为 6m)柱基的沉降量(mm)		(120)	200
桥式吊车轨面的倾斜(按不调整轨道考虑)	纵向	0.004	
	横向	0.003	
多层和高层建筑的整体倾斜	$H_g{\leqslant}24$	0.004	
	$24{<}H_g{\leqslant}60$	0.003	
	$60{<}H_g{\leqslant}100$	0.0025	
	$H_g{>}100$	0.002	
体型简单的高层建筑基础的平均沉降量(mm)		200	
高耸结构基础的倾斜	$H_g{\leqslant}20$	0.008	
	$20{<}H_g{\leqslant}50$	0.006	
	$50{<}H_g{\leqslant}100$	0.005	
	$100{<}H_g{\leqslant}150$	0.004	
	$150{<}H_g{\leqslant}200$	0.003	
	$200{<}H_g{\leqslant}250$	0.002	
高耸结构基础的沉降量(mm)	$H_g{\leqslant}100$	400	
	$100{<}H_g{\leqslant}200$	300	
	$200{<}H_g{\leqslant}250$	200	

注：1. 本表数值为建筑物地基实际最终变形允许值。
　　2. 有括号者仅适用于中压缩性土。
　　3. l 为相邻桩基的中心距离 (mm)；H_g 为自室外地面起算的建筑物高度 (m)。
　　4. 倾斜指基础倾斜方向两端点的沉降差与其距离的比值。
　　5. 局部倾斜指砌体承重结构沿纵向 6～10m 内基础两点的沉降差与其距离的比值。

5.3.2 施工变形位移变化特征

根据《城市轨道交通工程监测技术规范》GB 50911—2013，当隧道穿过基岩时，影响区范围应根据地质环境因子的情况进行划分。根据土质隧道开挖后影响范围的不同，可以分为主要影响区（Ⅰ）、次要影响区（Ⅱ）和可能影响区（Ⅲ），见表5-3。

土质隧道工程影响分区 表 5-3

隧道工程影响区	范围
主要影响区（Ⅰ）	隧道正上方及沉降曲线反弯点范围内
次要影响区（Ⅱ）	隧道沉降曲线反弯点至沉降曲线边缘 $2.5i$ 处
可能影响区（Ⅲ）	隧道沉降曲线边缘 $2.5i$ 处

在确定隧道的影响范围后，根据隧道的自身风险等级和周边环境风险等级及地质条件复杂等级判断工程监测等级。隧道自身风险等级划分见表5-4。

隧道自身风险等级划分 表 5-4

工程自身风险等级	等级划分标准
一级	超浅埋隧道；超大断面隧道
二级	浅埋隧道；近距离并行或交叠隧道；盾构始发与接收区段；大断面隧道
三级	深埋隧道；一般断面隧道

注：1. 超大断面隧道是指断面尺寸大于 $100m^2$ 的隧道；大断面隧道是指断面尺寸为 $50\sim100m^2$ 的隧道；一般断面隧道是指断面尺寸为 $10\sim50m^2$ 的隧道。

2. 近距离隧道是指两隧道间距在一倍开挖宽度（或直径）范围以内。

3. 隧道深埋、浅埋和超浅埋的划分根据施工工法、围岩等级、隧道覆土厚度与开挖宽度（或直径），结合当地工程经验综合确定。

周边环境风险主要是评价隧道开挖后对周边环境可能造成的后果，根据表5-5进行划分。

周边环境风险等级 表 5-5

周边环境风险等级	等级划分标准
一级	主要影响区内存在既有轨道交通设施、重要建(构)筑物、重要桥梁与隧道、河流或湖泊
二级	主要影响区内存在一般建(构)筑物、一般桥梁与隧道、高速公路或重要地下管线。次要影响区内存在既有轨道交通设施、重要建(构)筑物、重要桥梁与隧道、河流或湖泊隧道工程上穿既有轨道交通设施
三级	主要影响区内存在城市重要道路、一般地下管线或一般市政设施。次要影响区内存在一般建(构)筑物、一般桥梁与隧道、高速公路或重要地下管线
四级	次要影响区内存在城市重要道路、一般地下管线或一般市政设施

地质条件复杂程度将影响各项监测数据的获取精度和提升数据的获取难度，地质条件复杂程度划分见表5-6。

地质条件复杂程度 表 5-6

地质条件复杂程度	等级划分标准
复杂	地形地貌复杂，不良地质作用强烈发育；特殊性岩土需要专门处理；地基、围岩和边坡的岩土性质较差；地下水对工程的影响较大，需要进行专门研究和治理

续表

地质条件复杂程度	等级划分标准
中等	不良地质作用一般发育;特殊性岩土不需要专门处理;地基、围岩和边坡的岩土性质一般;地下水对工程的影响较小
简单	地形地貌简单;不良地质作用不发育;地基、围岩和边坡的岩土性质较好;地下水对工程无影响

根据周边环境复杂程度和工程自身风险等级对监测等级进行划分,同时按照地质条件复杂等级进行调整。将工程监测等级划分为三级,见表5-7。

工程监测等级 　　　　　　　　　　　　　　　　　　　　　　　　　表 5-7

工程监测等级	一级	二级	三级	四级
一级	一级	一级	一级	一级
二级	一级	二级	二级	二级
三级	一级	二级	二级	三级

根据上述分析可知,该隧道下穿建筑工程的地质条件复杂程度为复杂,周边环境风险等级为一级,隧道自身风险等级为一级,综合判断工程监测等级为一级。根据施工中位移监测的结果(图 5-13),从 2018 年 11 月 14 号开始,在 2018 年 11 月 19 号施工后位移发生急剧增大,地表位移值约为 2cm,之后变形增大量下降趋势变缓,至 2018 年 12 月 9号,再次发生位移值突降,主要是由截桩另外一侧巷道开挖导致。

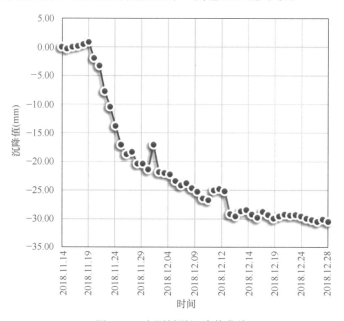

图 5-13　实测桥墩沉降值曲线

5.4　总结

本章选择深圳轨道交通 10 号线益田停车场出入线区间下穿海关查验楼为研究对象,

采用大型有限元软件 ANSYS 建立了三维有限元模型，对桩基托换进行分析计算，并结合工程实际实施情况，得出如下结论：

（1）下穿桩基段对管桩采用洞内套拱托换措施，共托换管桩 16 根。开挖工法采用台阶＋临时仰拱。采用地表旋喷桩止水帷幕＋降水＋袖阀管注浆施工技术，洞内采用水平旋喷＋内插大管棚＋全断面注浆加固方案。桩基托换采用钢拱架＋托桩套拱工艺。通过上述工法和技术，顺利完成下穿海关查验楼桩基础工程。

（2）该隧道下穿建筑工程的地质条件复杂程度为复杂，周边环境风险等级为一级，隧道自身风险等级为一级，综合判断工程监测等级为一级。隧道穿越、桩基托换并完成隧道二次衬砌后，查验台基础最大沉降为 22.7mm，满足建筑物沉降要求。

（3）后期施工过程中，通过对监测数据的分析，所监测到的数据与数值模拟计算数据基本吻合，查验台的沉降及变形均在控制范围内，验证了本工程采用的加固措施及桩基主动托换方案是合理可行的。

第6章 ▸▸
方法总结及推广

本书通过研究隧道下穿建筑物的开挖工法、岩土体与结构的相互作用机制、隧道下穿桩基工艺，并结合深圳轨道交通 10 号线益田停车场出入线区间隧道下穿建筑物整治工程，对隧道常用的多种开挖方法进行总结与分析，并采用数值模拟方法建立了多个不同工况下隧道下穿建筑物的数值模型，对隧道下穿建筑桩基托换的施工方法进行分析计算，结合施工过程中的位移变化情况，得出如下结论：

（1）隧道下穿桩基位置对桩基受力和变形具有重要影响。当桩基础在隧道的上部时，隧道的开挖如果不能大幅地影响地表沉降，则隧道开挖对桩身的受力和变形影响较小。当桩身穿过隧道时，桩身内的最大受力是开挖前的 5 倍以上，极易引起桩基的破坏。隧道开挖后，由于应力拱效应，中夹岩柱内的应力出现较大的集中，开挖后中夹岩柱内的竖直应力是开挖前的 2 倍左右，在施工过程中，需要进行重点加固。

（2）优化开挖顺序有利于控制岩土体和桩身的变形。先开挖的左侧隧道后期位移较小，因此在截桩之前，应先超前开挖截桩一侧隧道，后开挖另外一侧。隧道开挖后，竖向位移主要出现在上阶段开挖，为了避免上阶段开挖导致周边出现过大位移，建议在上阶段开挖时，对下一步开挖岩体进行超前支护。

（3）采用"台阶＋临时仰拱"开挖工法、"地表旋喷桩止水帷幕＋降水＋袖阀管注浆"地下水控制技术、"水平旋喷＋内插大管棚＋全断面注浆"加固技术以及"钢拱架＋托桩套拱桩基托换"工艺，顺利完成了下穿海关查验楼桩基础工程。后期施工过程中，查验台的沉降及变形均在控制范围内，印证了本工程采用的加固措施及桩基主动托换方案是合理可行的。

通过本次对深圳轨道交通 10 号线益田停车场出入线区间的综合研究，可以得出超小净距隧道相比其他结构形式隧道，有以下几点优势：

（1）与连拱隧道相比，超小净距隧道在造价方面明显占优，同时施工工艺也相对简单。

（2）超小净距隧道有利于工程整体的线形规划和线形优化。

（3）不受地形条件以及总体线路线形的限制。

参 考 文 献

[1] 刘春杰，刘永祥. 多种桩基托换技术在深圳地铁 9 号线中的应用 [J]. 现代城市轨道交通，2020 (12)：79-83.

[2] 刘子阳. 城际铁路明挖隧道下穿桥梁桩基托换施工及优化分析 [D]. 兰州：兰州交通大学，2019.

[3] 张健. 城市立交桥桩基托换桥台基础变形研究 [D]. 郑州：河南工业大学，2019.

[4] 顾晓毅. 城市桥梁桩基托换设计关键技术 [J]. 城市道桥与防洪，2020 (2)：81-84.

[5] 吕昌昱. 大轴力桥梁桩基托换梁变形限值分析及施工关键技术 [D]. 西安：西安科技大学，2019.

[6] 杨勇，杜斌，吴睿麒，等. 地铁区间穿越天桥的桩基托换设计与施工 [J]. 特种结构，2018，35 (5)：94-99.

[7] 王昱杰. 机场高速公路立交桥桩基托换新旧结构变形和受力研究 [D]. 兰州：兰州交通大学，2022.

[8] 季国富. 基于上部结构体系转换法的桥梁桩基托换技术分析 [J]. 水利与建筑工程学报，2018，16 (4)：52-56.

[9] 赵瑞桐. 基于桩基托换的盾构隧道下穿既有桥梁施工影响与掘进安全对策研究 [D]. 成都：西南交通大学，2019.

[10] 唐伟康. 既有建筑地下增层中桩基托换承载机理研究 [D]. 南京：东南大学，2021.

[11] 胡瑞青，戴志仁，王立新，等. 基于双层永久衬砌结构的桩基托换施工力学行为研究 [J]. 铁道标准设计，2019，63 (5)：105-111.

[12] 中华人民共和国住房和城乡建设部. 岩土工程勘察规范（2009 年版）：GB 50021—2001 [S]. 北京：中国建筑工程出版社，2009.

[13] 房后国. 深圳湾结构性淤泥土固结机理及模型研究 [D]. 长春：吉林大学，2005.

[14] 周顺华. 地下连续墙围护体基坑在开挖过程中的荷载作用模式 [J]. 上海铁道大学学报，1997 (2)：1-7.

[15] 《工程地质手册》编委会. 工程地质手册（第五版）[M]. 北京：中国建筑工业出版社，2018.

[16] 李广信. 高等土力学（第 2 版）[M]. 北京：清华大学出版社，2016.

[17] 蔡美峰. 岩石力学与工程（第二版）[M]. 北京：科学出版社，2018.

[18] 齐亚静，姜清辉，王志俭，等. 改进西原模型的三维蠕变本构方程及其参数辨识 [J]. 岩石力学与工程学报，2012，31 (2)：347-355.

[19] 张强勇，杨文东，张建国，等. 变参数蠕变损伤本构模型及其工程应用 [J]. 岩石力学与工程学报，2009，28 (4)：732-739.

[20] 谢和平，鞠杨，黎立云，等. 岩体变形破坏过程的能量机制 [J]. 岩石力学与工程学报，2008 (9)：1729-1740.

[21] 田洪铭，陈卫忠，田田，等. 软岩蠕变损伤特性的试验与理论研究 [J]. 岩石力学与工程学报，2012 (3)：610-617.

[22] 刘志祥，肖思友，兰明，等. 基于蠕变损伤耦合的海底开采点柱稳定性分析 [J]. 科技导报，2015，33 (13)：27-33.

[23] 孙钧. 岩石流变力学及其工程应用研究的若干进展 [J]. 岩石力学与工程学报，2007，26 (6)：1081-1106.

[24] 姚爱军，赵强，管江，等. 基于北京地层地铁隧道施工的 Peck 公式的改进 [J]. 地下空间与工程学报，2010，6 (4)：789-793.

[25] 韩煊，王鑫. 北京地区深基坑工程引起地表沉降规律研究 [J]. 建筑科学，2020，36 (S1)：185-190.

［26］ 马可栓. 盾构施工引起地基移动与近邻建筑保护研究［D］. 武汉：华中科技大学，2008.

［27］ 卢健，姚爱军，郑轩，等. 地铁双线隧道开挖地表沉降规律及计算方法研究［J］. 岩石力学与工程学报，2019，38（S2）：3735-3747.

［28］ ZHOU Z，DING H，MIAO L，et al. Predictive model for the surface settlement caused by the excavation of twin tunnels［J］. Tunnelling and underground space technology，2021，114（8）：1-9.

［29］ 高盟，邢晨光，王渭明. CRD法隧道开挖引起的地面沉降变形规律研究［J］. 山东科技大学学报（自然科学版），2013，32（4）：29-33.

［30］ 魏士杰. 隧道下穿既有建筑物桩基托换技术研究［D］. 石家庄：石家庄铁道大学，2019.

［31］ 周瑞锋. 地铁矿山法隧道洞内桩基托换结构设计与分析［J］. 低温建筑技术，2022，44（6）：107-111.

［32］ 李晓晨. 桩基托换有限元仿真及应用实例分析［D］. 西安：长安大学，2019.

［33］ 顾晓毅，林志雄. 深圳爱国路高架桥梁桩基托换工程设计［J］. 城市道桥与防洪，2019（1）：72-75.

［34］ 陈福斌. 深圳市东部过境高速公路高架桥桩基托换工程设计［J］. 城市道桥与防洪，2021（3）：113-116.

［35］ 刘海湾. 盾构隧道桩基托换施工对既有隧道的影响［J］. 现代隧道技术，2022，59（S1）：518-523.

［36］ 范必强. 浅谈隧道下穿 BRT 桥桩基托换施工技术［J］. 公路，2022，67（11）：279-282.

［37］ 刘军，徐志军，原方，等. 立交桥桥台桩基托换基坑支护设计与监测［J］. 岩土工程学报，2019，41（S2）：217-220.

［38］ 徐前卫，朱合华，马险峰，等. 地铁盾构隧道穿越桥梁下方群桩基础的托换与除桩技术研究［J］. 岩土工程学报，2012，34（7）：1217-1226.

［39］ 王莉平. 大跨隧道穿越高层建筑物桩基托换设计及优化［J］. 地下空间与工程学报，2012，8（5）：1070-1074.

［40］ 张文强. 重叠隧道施工对桩基托换区的沉降影响分析［J］. 隧道建设，2006，26（1）：56-58.

［41］ 孙庆，杨敏，冉侠，等. 隧道开挖对周围土体及桩基影响的试验研究［J］. 同济大学学报（自然科学版），2011，39（7）：989-993.

［42］ 卢春林. 浅埋暗挖隧道穿越既有桥梁风险评估方法研究［J］. 铁道科学与工程学报，2016，13（6）：1156-1164.

［43］ 邢凯，周中，张彬然. 新建桩基础对既有隧道影响的三维变形分析［J］. 铁道科学与工程学报，2017（10）：2170-2176.

［44］ 宁少龙. 盾构隧道下穿对既有隧道的影响研究［D］. 西安：西安理工大学，2023.

［45］ 中华人民共和国住房和城乡建设部. 建筑地基处理技术规范：JGJ 79—2012［S］. 北京：中国建筑工业出版社，2012.

［46］ 中华人民共和国住房和城乡建设部. 城市轨道交通工程监测技术规范：GB 50911—2013［S］. 北京：中国建筑工业出版社，2014.